선물하기 좋은
프랑스 자수 생활소품

봄여름
가을겨울
자수

선물하기 좋은
프랑스 자수 생활소품

봄여름
가을겨울
자수

초판 1쇄 인쇄 2020년 11월 18일
초판 1쇄 발행 2020년 11월 25일

지은이 강문숙

발행인 장상진
발행처 경향미디어
등록번호 제313-2002-477호
등록일자 2002년 1월 31일

주소 서울시 영등포구 양평동 2가 37-1번지 동아프라임밸리 507-508호
전화 1644-5613 | **팩스** 02) 304-5613

ISBN 978-89-6518-320-4 13630

• 값은 표지에 있습니다.
• 파본은 구입하신 서점에서 바꿔드립니다.

선물하기 좋은
프랑스 자수 생활소품

봄여름 가을겨울 자수

강문숙(마마케이) 지음

경향미디어

prologue

계절이 주는 향기는 세월이 아무리 많이 지나도 그때의 기억을 또렷이 만들어주는 힘이 있어요.

봄 햇살 가득한 벚꽃길에서 첫아이에게 신겨주었던 베이비 슈즈, 어린 시절 엎드려 수박 먹으면서 읽은 '빨간 모자 소녀', 책장 위 나뭇잎 그늘 사이로 반짝이던 햇빛과 살랑이던 바람에 속삭이던 나뭇잎들, 크리스마스 트리 장식에 시선을 뺏긴 사이에 대문 앞 곱게 포장한 종합선물세트와 미미 인형을 두고 숨어버린 아빠.

이 책에 계절이 주는 향기를 가득 담아보았습니다. 그리고 그 향기의 추억을 소품 하나하나에 담았습니다. 계절이 돌고 돌아 그 향기를 다시 맡게 된다면 여러분은 분명 행복한 사람임이 틀림없습니다.

마마케이

contents

도안 옮기기

1 원단에 먹지를 올리고 그 위에 트레이싱지를 올려주세요.

2 원단, 먹지, 트레이싱지가 움직이지 않도록 핀으로 고정해주세요.

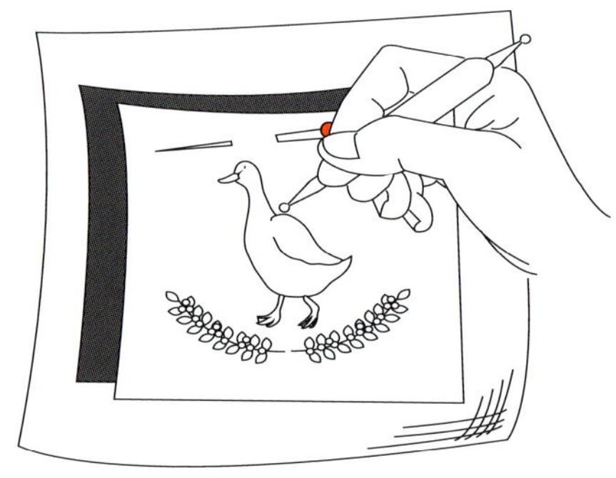

3 트레이싱지에 그려진 도안을 철필로 따라 그려주세요.

4 도안을 옮겨 그린 후 트레이싱지와 먹지는 빼주세요.

25번사 사용법

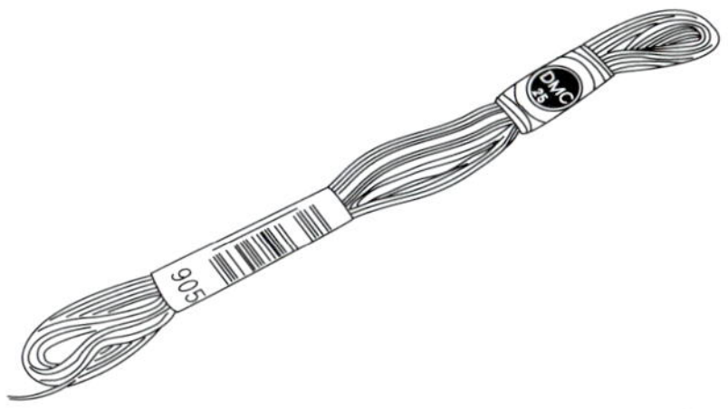

1 DMC25번사(면실)를 준비합니다.

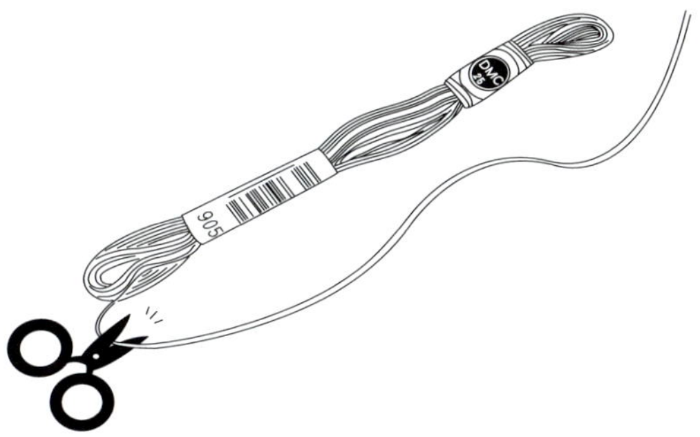

2 실을 살짝 당겨 60cm 길이로 잘라주세요.

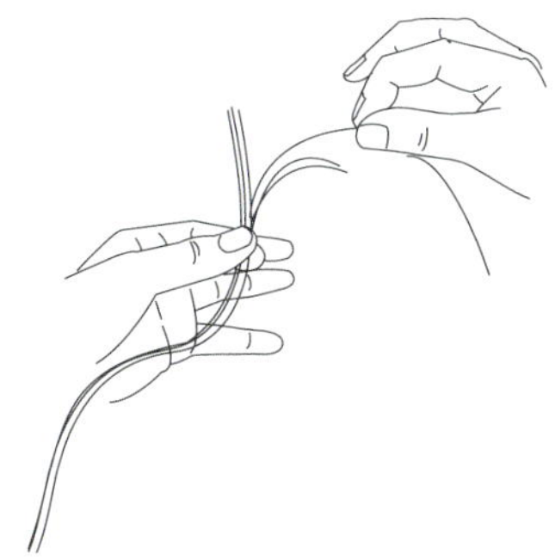

3 6가닥의 얇은 면실이 함께 꼬여 있습니다. 꼬여 있는 실을 필요한 만큼 1가닥씩 뽑아주세요. 꼬임이 있기 때문에 여러 가닥을 한꺼번에 뽑을 경우 실이 엉키기 쉽습니다.

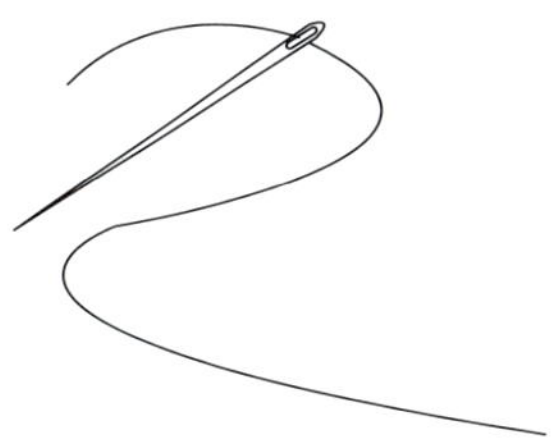

4 정리된 실을 바늘귀에 꽂아주세요.

실 매듭짓기

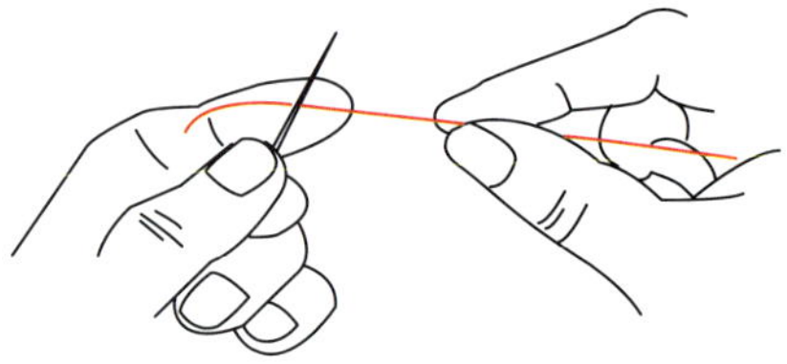

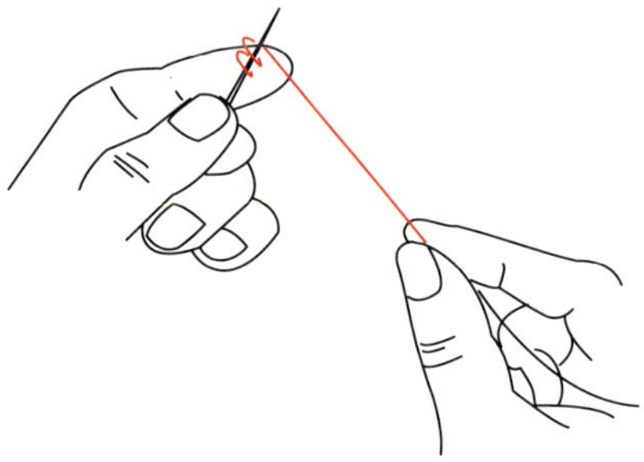

1 바늘귀를 통과한 실의 끝부분을 왼손 집게손가락 위에 올리고 그 위에 바늘을 올려주세요.

2 오른손으로 바늘에 실을 2회 감아주세요.

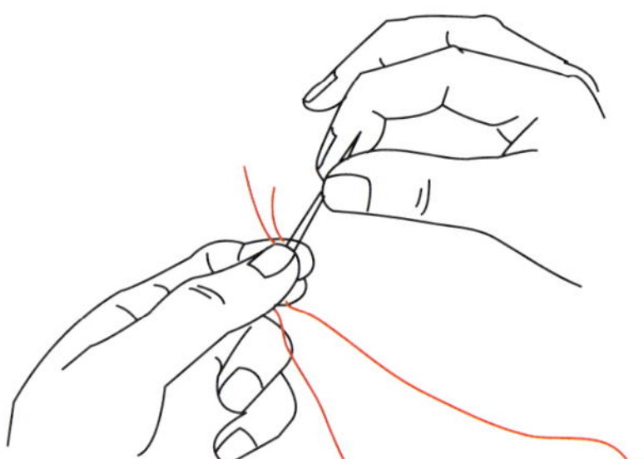

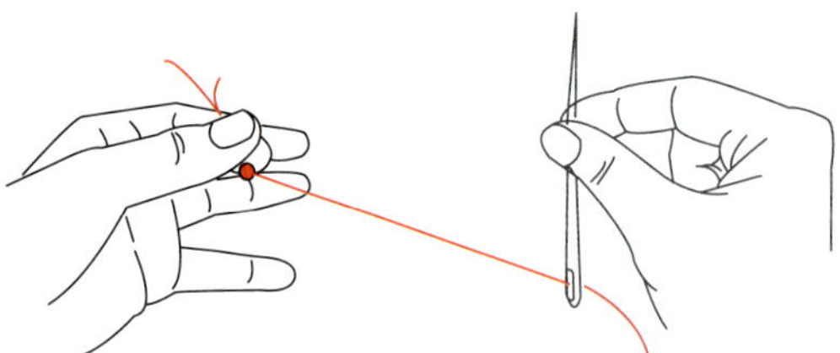

3 감은 실을 왼손 엄지손가락과 집게손가락으로 살짝 누른 후 바늘만 위로 빼주세요.

4 실을 끝까지 당겨주면 실을 2회 감은 위치에 매듭이 완성됩니다.

원형 수틀 사용법

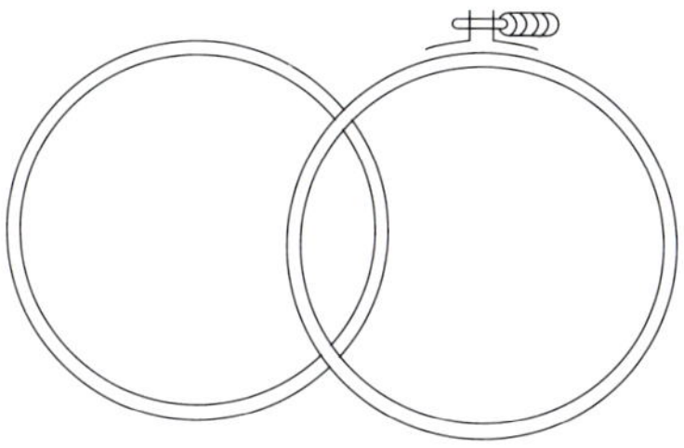

1 수틀의 나사를 풀어서 안쪽 수틀과 바깥쪽 수틀을 분리해주세요.

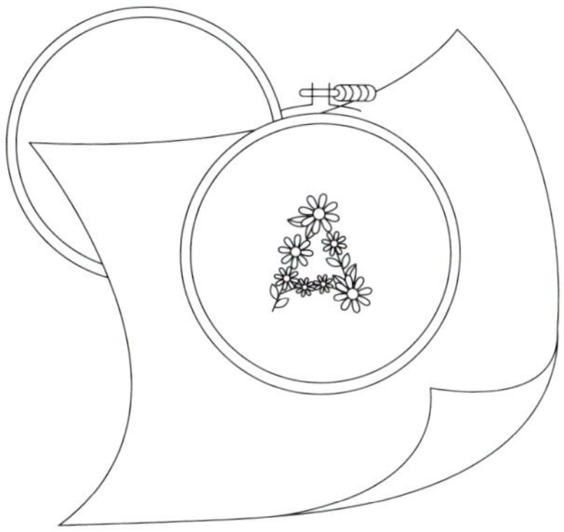

2 안쪽 수틀 위에 원단을 올리고 그 위에 나사가 달린 바깥쪽 수틀을 올려서 원단을 끼웁니다.

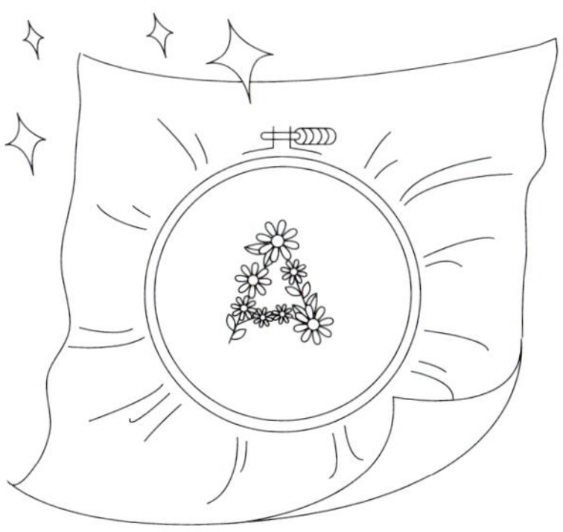

3 원단의 짜임이 틀어지지 않도록 주의하며 원단의 가장자리를 팽팽하게 당기며 수틀의 나사를 조여주세요.

Tools

자수 도구

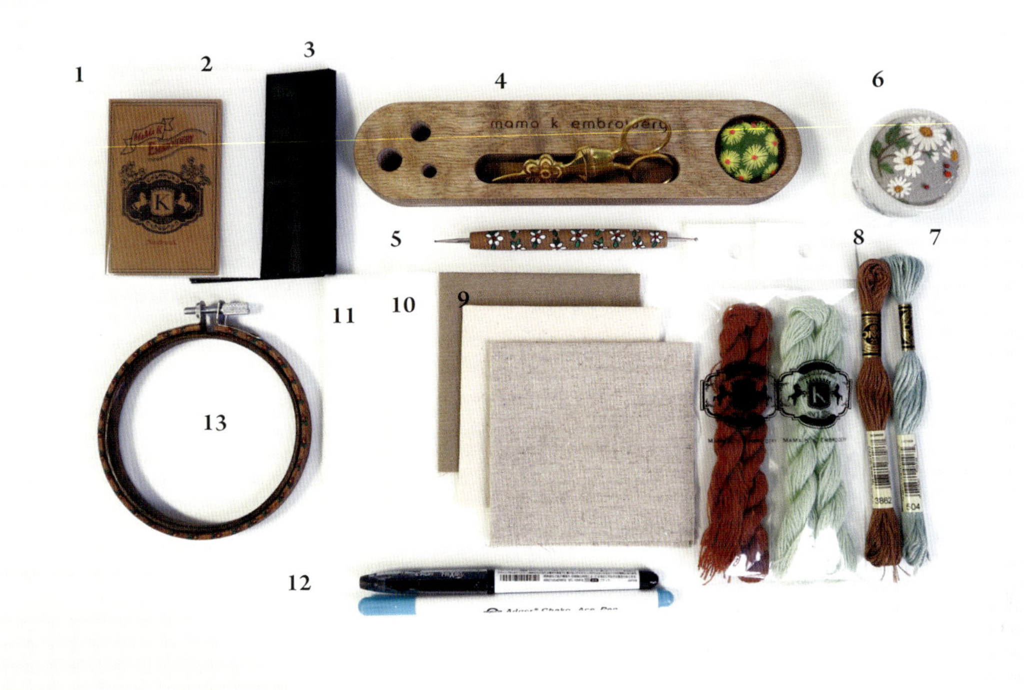

1 자수바늘

실 굵기와 가닥수에 따라 다양하게 사용할 수 있습니다. 이 책에서는 DMC25번사일 경우 자수바늘 8호를, 울사일 경우 서닐바늘 26호를 사용하였습니다.

2 트레이싱지

얇은 불투명종이로 도안을 원단에 옮길 때 사용합니다.

3 먹지

한쪽 또는 양쪽 면에 검은 칠을 한 얇은 종이로 도안을 원단에 옮길 때 사용합니다.

4 자수 전용 가위

실의 매듭을 끊을 때 사용합니다.

5 철필

도안을 원단에 옮길 때 철필로 따라 그립니다.

6 핀쿠션 & 핀

핀쿠션은 바늘과 핀을 꽂아 놓을 때 사용합니다. 핀은 도안을 옮길 때 원단, 먹지, 트레이싱지를 함께 고정할 때 사용합니다.

7 DMC25번사

면자수실로 가장 많이 쓰이는 실입니다. 적당한 길이로 잘라 꼬여 있는 6가닥의 실을 1가닥씩 뽑아 사용합니다.

8 MK울사

마마케이 자수에서 제작한 실입니다. 덴마크꽃실과 애플톤울사의 중간 굵기이며 면사와 달리 포근한 느낌의 혼방울사입니다.

9 원단

원단의 종류는 다양한데 입문자에게는 옥스퍼드, 광목, 리넨이 적당합니다.

10 접착 심지

원단을 튼튼하게 지탱하고 싶을 때 접착면이 있는 심지를 원단에 대고 다림질로 녹여 사용합니다.

11 수용성 심지

니트, 헴프 리넨 등 도안을 그리기 쉽지 않은 원단에 수놓을 때 수용성 심지에 도안을 그려 고정한 후 그 위에 수를 놓아 사용합니다.

12 열펜&수성펜

원단에 도안을 그릴 때 사용합니다. 열펜으로 그려놓은 도안을 수정할 때에는 열다리미로 다림질하여 지워 수정합니다. 수성펜으로 그려놓은 도안을 수정할 때에는 물을 분무하여 지워 수정합니다.

13 수틀

원단을 팽팽하게 고정해주는 역할을 합니다. 원단이 느슨해지면 수의 땀 또한 느슨해져서 깔끔한 자수를 완성하기 어렵습니다. 수틀은 15~20cm 미만의 사이즈를 사용하는 것이 손목에 무리가 덜 갑니다.

Tips

원단 세탁 및 관리

리넨

- 구김이 잘 가는 리넨은 반드시 망에 넣어 세탁합니다. 다른 옷과 섞이면 옷감이 상할 수 있으니 주의합니다.
- 열에 약해 줄어들 수 있으니 건조기 사용은 자제해주세요.
- 물의 온도가 높으면 원단 특성상 수축될 수 있으니 미지근한 물(30℃ 이하)로 세탁합니다.
- 원단을 세게 비비거나 당기면 쉽게 변형되니 주의해주세요.
- 세탁 후에는 그늘에서 말려주는 것이 좋습니다.

옥스퍼드

- 리넨에 비해 구김은 덜 가지만 첫 세탁은 손빨래 또는 드라이클리닝을 해주세요.
- 손세탁이라도 탈수로 원단이 상할 수 있으니 마른 수건으로 눌러 물기를 빼주는 게 좋아요.
- 건조기 사용 또한 원단이 수축할 수 있기 때문에 피해주세요.
- 세탁 후 살짝 물기가 있는 상태에서 다림질하면 구김이 덜 갑니다.

캔버스

- 오트밀 색상의 생지로 만들어진 캔버스는 면사로 직조 후 풀을 먹여 빳빳하고 튼튼한 소재입니다.
- 세탁기를 사용하기보다는 되도록 단독 손세탁합니다.
- 세탁 완료 후 최대한 형태를 유지하며 물기를 마른 수건으로 눌러 빼주세요.
- 통풍이 잘되는 곳에서 직사광선을 피해 말려주는 것이 좋습니다.

헴프 리넨

- 미지근한 물에 중성세제를 풀어 수십 분 담가두었다 조물조물 손빨래합니다. 맑은 물이 나올 때까지 여러 번 헹궈주세요.
- 물기가 빠지도록 행어에 걸어둔 후 통풍이 잘되는 그늘에서 건조합니다.
- 약간의 물기가 있는 상태에서 다림질해주세요.
- 건조가 다 된 상태에서 다림질하게 되면 구김이 잘 펴지지 않습니다. 이때에는 다시 통풍이 잘되는 그늘에서 잘 말려주세요.

합성피혁

- 합성피혁은 습기와 열에 취약합니다. 물에 노출되거나 열을 가하면 원단이 줄어들거나 변형될 수 있어요.
- 중성세제를 물에 희석해서 천으로 가볍게 문지르며 닦아주세요.
- 햇볕에 노출되면 색상이 변할 수 있으니 직사광선을 피해 보관합니다.

다이어리 커버 *53page*

베이비 슈즈 액자 & 베이비 슈즈 *44page*

플라워 알파벳 액자 *58page*

꽃자수 거울 *40page*

블루버드 파우치 *36page*

고양이 핸드 타월 *92page*

딸기 마그넷 *86page*

블루버드 헤어핀 *32page*

헴프 리넨 플랫백 *74page*

헴프 리넨 토트백 *80page*

로즈 블로섬 클러치백 *70page*

스토리 토트백 *64page*

앤틱 북마크 *98page*

에델바이스 카드 케이스 *112page*

나무 가랜드 104page

책 읽는 소녀 쿠션 *108page*

수틀 액자 *118page*

플라워 루프 소잉 케이스 *122page*

메리 산타클로스 가랜드 *142page*

크리스마스 오너먼트 *130page*

크리스마스 액자 *136page*

PART 1

봄

Spring

Spring no.1

블루버드 헤어핀

Bluebird Hairpin

행복은 멀지 않은 곳에 있을지도 몰라요.

파랑새가 내 머리 위에 앉아 행복한 이야기를 전해줄 것 같아요.

- 사이즈 : 블루버드1(가로 4.5cm, 세로 3.5cm), 블루버드2(가로 4.8cm, 세로 3.5cm)
- 원단 : 하드펠트
- 사용한 기법 : 리프 스티치, 불리온 링 스티치, 스트레이트 스티치, 아우트라인 스티치, 체인 스티치, 프렌치 노트 스티치
- 재료 : 5mm 골드 헤어핀 2개, 하드펠트, 수용성 심지, DMC25번사
- 사용한 실 : 444, 517, 600, 666, 760, 900, 905, 3371, 3810, ECRU

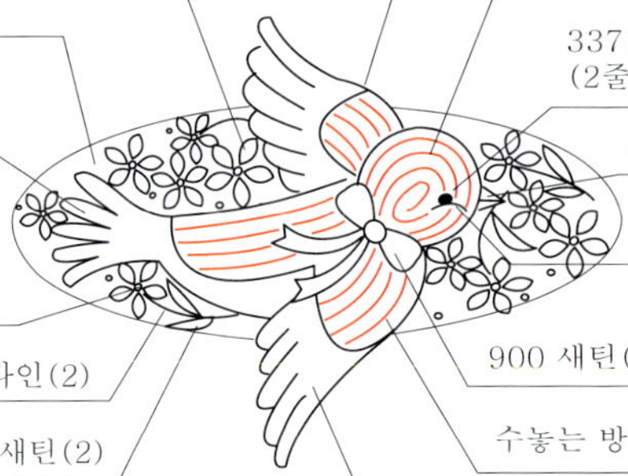
760 스트레이트(2)
3371 백(테두리1)
ECRU 프렌치 노트
(2줄로 1회 감기)
ECRU 아우트라인(1)
3371 프렌치 노트
(2줄로 1회 감기)
3810 체인(2)
444 스트레이트(2)
3371백(1)
444 프렌치 노트
(2줄로 1회 감기)
905 아우트라인(2)
900 새틴(2)
905 새틴(2)
수놓는 방향
3810 체인(2)

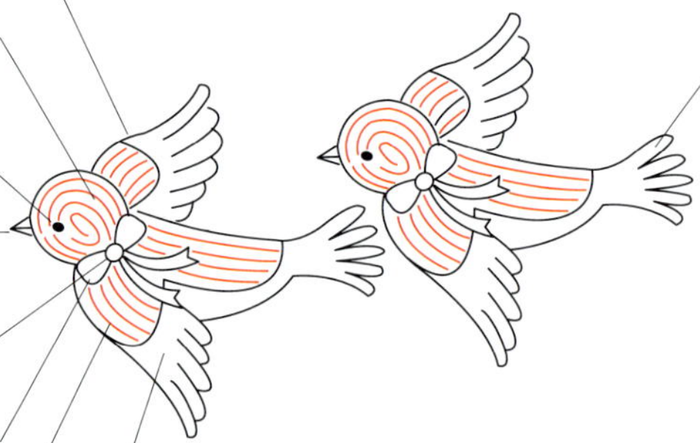
3371 백(테두리1)
ECRU 아우트라인(1)
3810 체인(2)
3371 프렌치 노트
(1줄로 1회 감기)
444 스트레이트(2)
900 프렌치 노트
(2줄로 1회 감기)
900 새틴(2)
수놓는 방향
3810 체인(2)

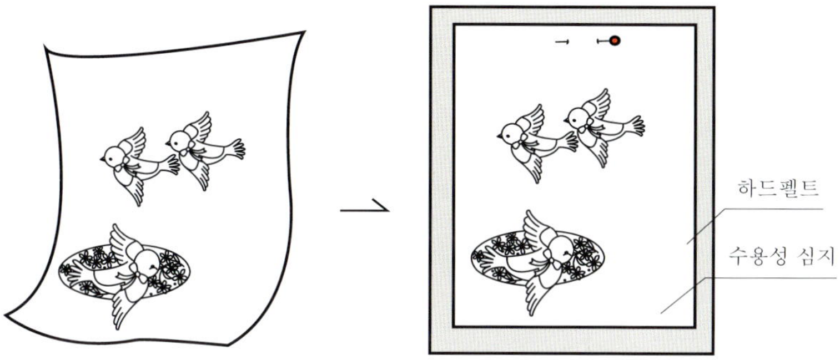

1 수용성 심지에 도안을 옮겨 그린 후 하드펠트에 고정해주세요.

2 하드펠트에 수를 놓고 도안의 테두리를 따라 가위로 오려주세요.

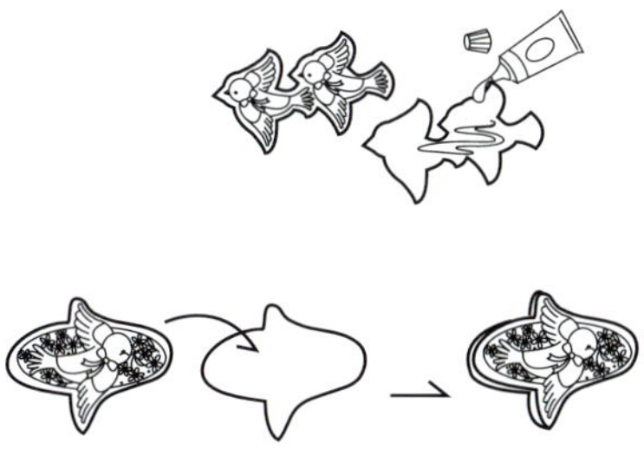

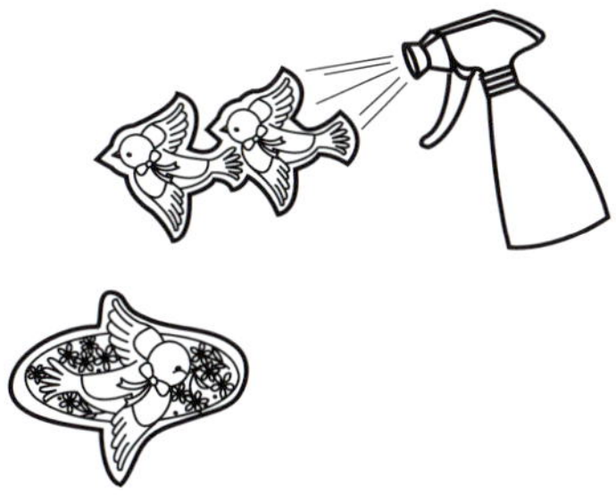

3 뒷면에 붙일 하드펠트를 같은 크기로 1장 더 오려낸 후 접착제를 발라 붙여줍니다.

4 접착제가 마른 후 자수 위에 분무기로 물을 뿌려서 수용성 심지를 녹여주세요.

5 수용성 심지가 녹고 물기가 마르면 글루건이나 접착제로 핀의 뒷면에 붙여주세요.

Spring no.2

블루버드 파우치

Bluebird Pouch

사랑스런 피치 컬러의 블루버드 파우치에요.
작은 가방에 소소한 것을 가득 채워보세요.

† 사이즈 : 가로 19.5cm, 세로 16.5cm

† 원단 : 옥스퍼드

† 사용한 기법 : 새틴 스티치, 아우트라인 스티치, 프렌치 노트 스티치, 버튼홀 레이스 스티치

† 재료 : 옥스퍼드 겉감 1장, 새틴 안감 1장, 접착 심지 1장, 지퍼 30cm 1개, DMC25번사

† 사용한 실 번호 : 165, 444, 905, 3371, 3810, ECRU

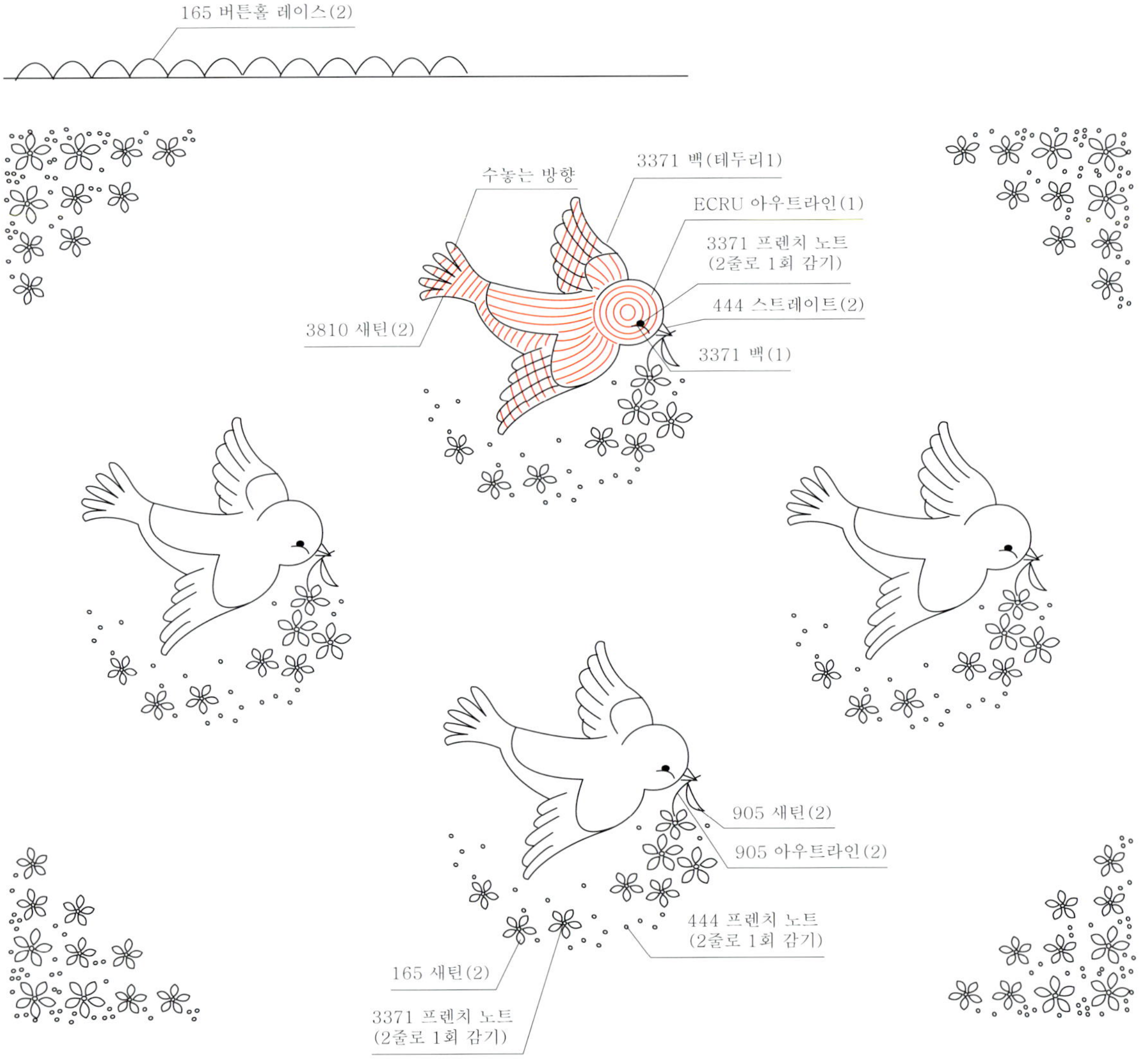
165 버튼홀 레이스(2)
수놓는 방향
3371 백(테두리1)
ECRU 아우트라인(1)
3371 프렌치 노트
(2줄로 1회 감기)
444 스트레이트(2)
3810 새틴(2)
3371 백(1)
905 새틴(2)
905 아우트라인(2)
444 프렌치 노트
(2줄로 1회 감기)
165 새틴(2)
3371 프렌치 노트
(2줄로 1회 감기)

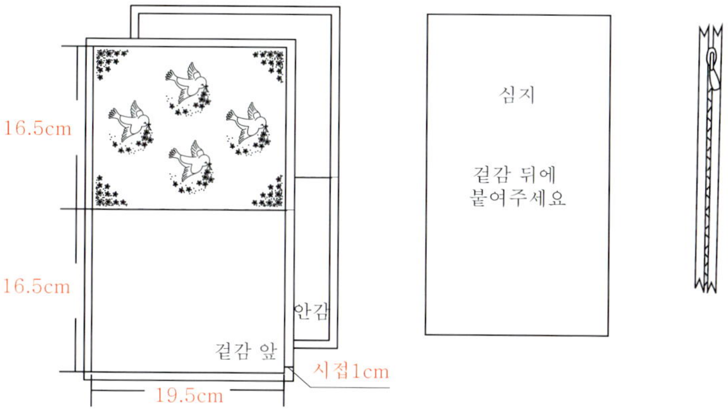

1 수놓인 겉감 뒷면에 심지를 붙여주세요.

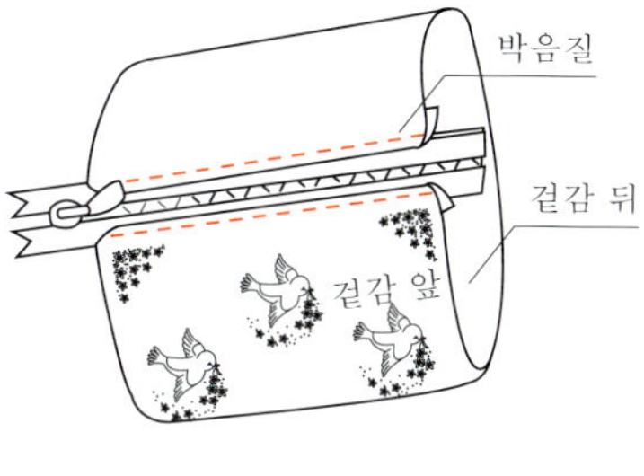

2 지퍼를 박음질할 위치에 시접 1cm를 안으로 접어 다린 후 지퍼 위에 올려 양쪽 모두 박음질합니다.

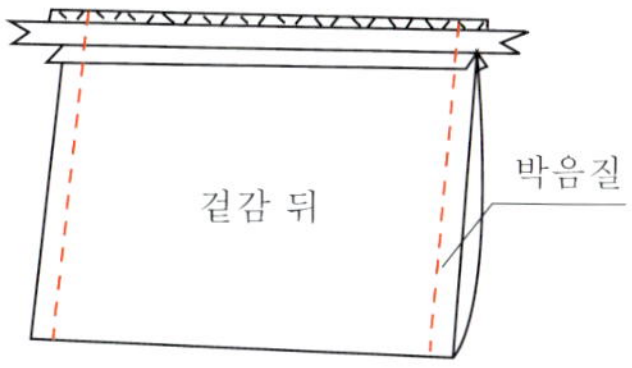

3 겉감 뒷면으로 뒤집은 후 양쪽 시접선을 따라서 양 옆선을 끝까지 박음질합니다.

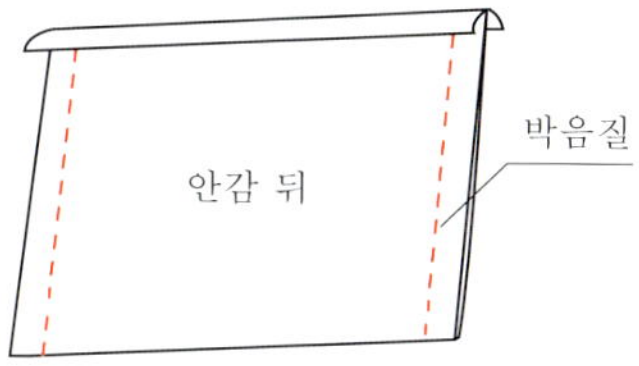

4 안감을 반으로 접어 양쪽 시접선을 따라서 박음질한 후 입구 윗부분의 시접선을 따라 바깥으로 접어주세요.

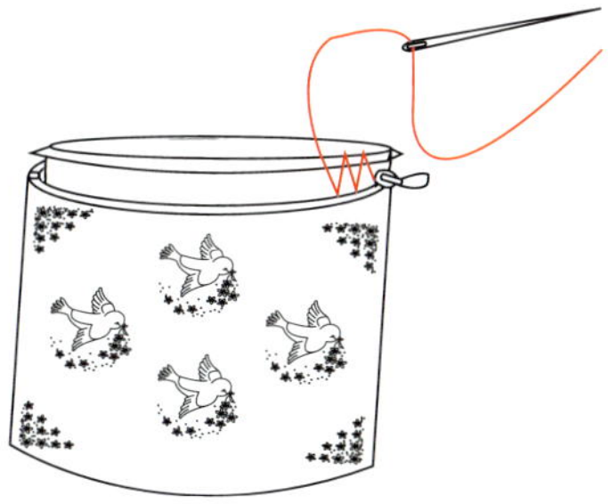

5 지퍼를 열어 뒤집은 겉감 안에 안감을 넣어 공그르기로 마무리합니다.

Spring no.3

꽃자수 손거울

Flowers Mini Mirror

테두리에 놓인 꽃자수가 예뻐서 매일 들여다보게 돼요.

한 뼘도 안 되게 작지만 가끔 내 전부를 보여주는 거울이지요.

- 사이즈 : 거울지름 6.5cm, 가로 7cm, 세로 9cm
- 원단 : 합성피혁
- 사용한 기법 : 러닝 스티치, 아우트라인 스티치, 버튼홀 레이스 스티치, 프렌치 노트 스티치
- 재료 : 지름 6.5cm 거울, 지름 6mm 큐빅 2개, 합성피혁 2장, 수용성 심지 1장, 태슬 1개, 볼체인 구슬줄 1개(10cm), 수용성 심지
- 사용한 실 : 352, 3362, 3371, 3832, ECRU

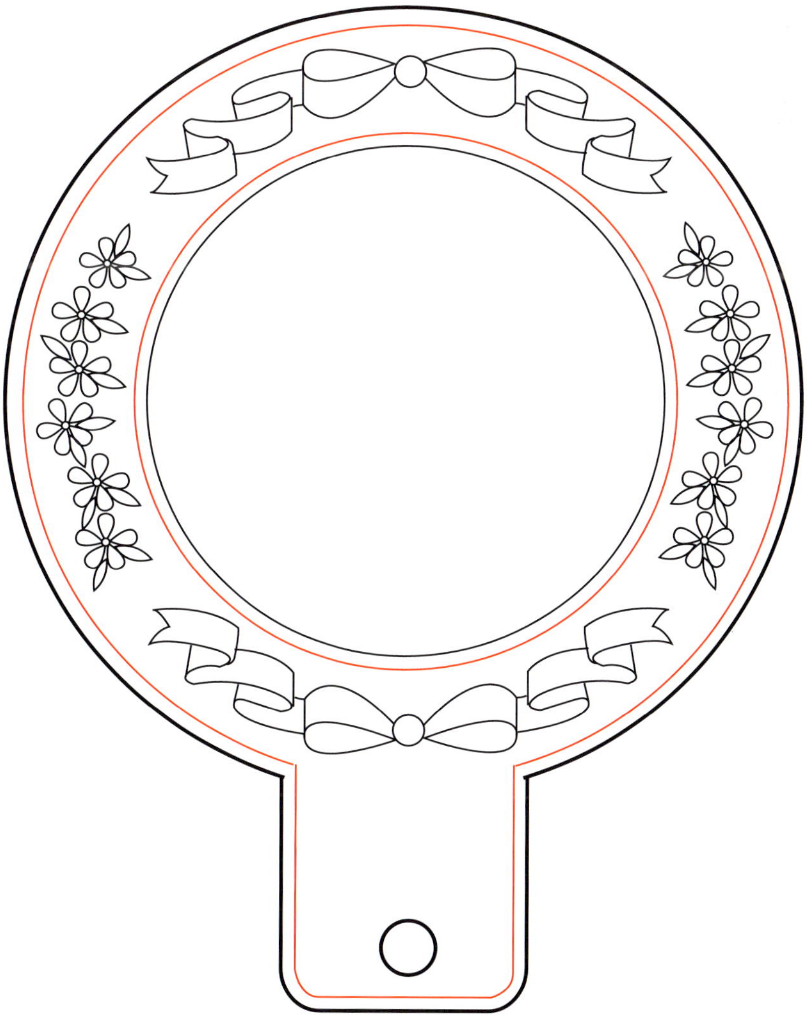

design

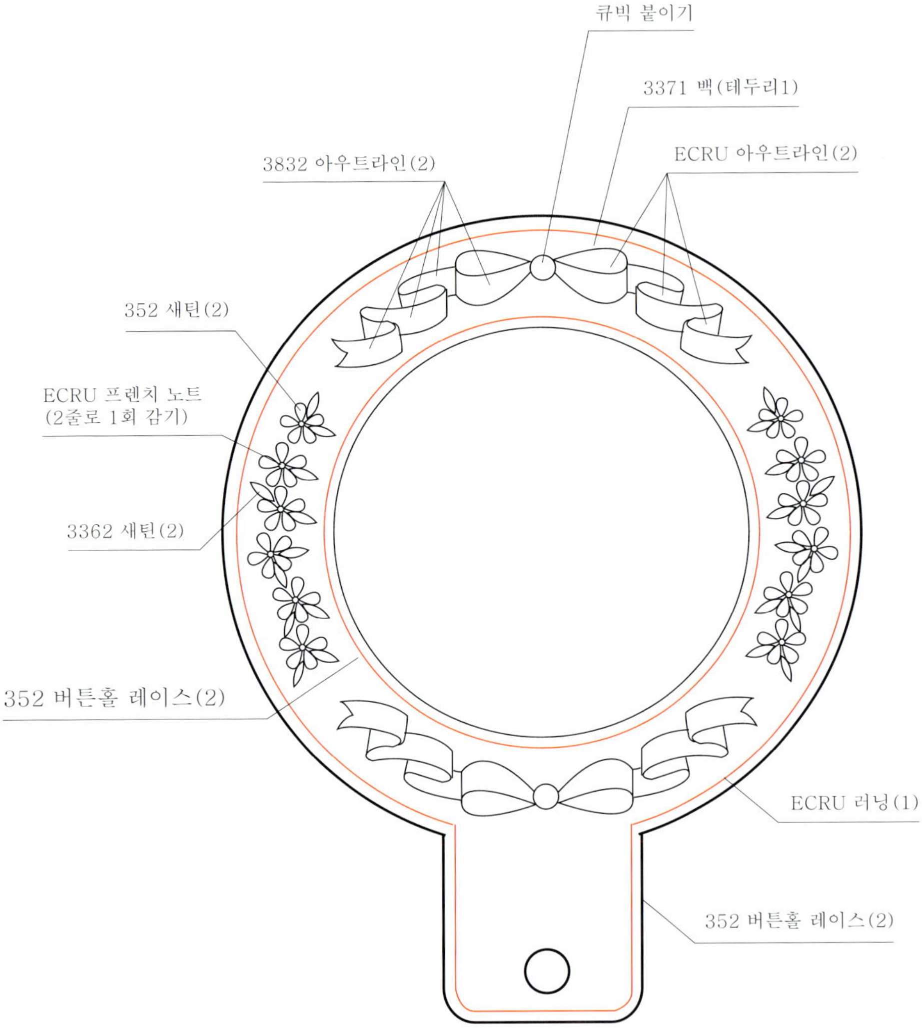
큐빅 붙이기
3371 백(테두리1)
3832 아우트라인(2)
ECRU 아우트라인(2)
352 새틴(2)
ECRU 프렌치 노트
(2줄로 1회 감기)
3362 새틴(2)
352 버튼홀 레이스(2)
ECRU 러닝(1)
352 버튼홀 레이스(2)

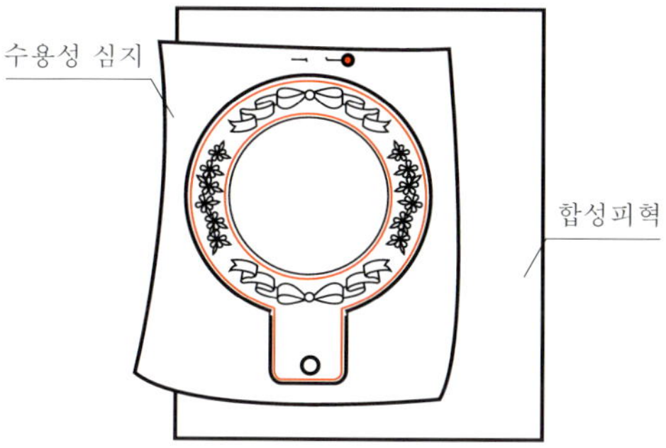

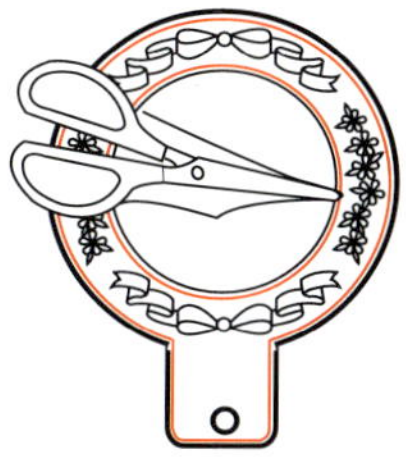

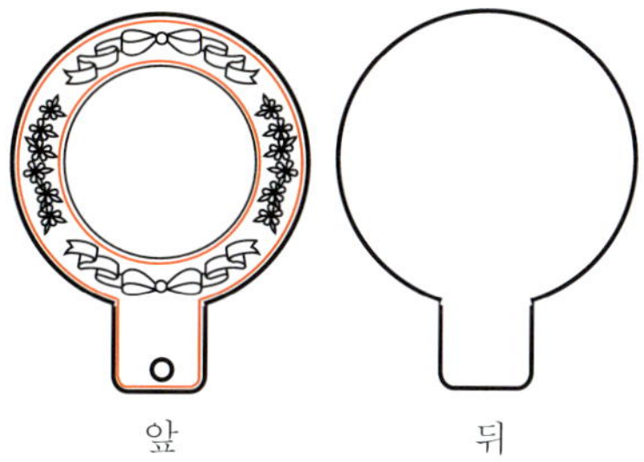

1 수용성 심지에 그려진 도안을 합성 피혁 위에 고정한 후 자수를 완성 해주세요.

2 심지의 거울 테두리를 따라서 가위로 오려주세요. 안에 거울이 들어갈 부분도 원 모양으로 오려냅니다.

3 수놓인 합성피혁 앞면을 대고 똑같은 크기로 뒷면을 하나 더 오려줍니다.

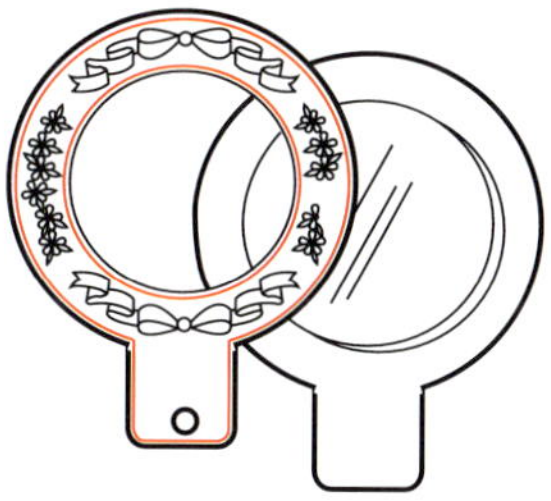

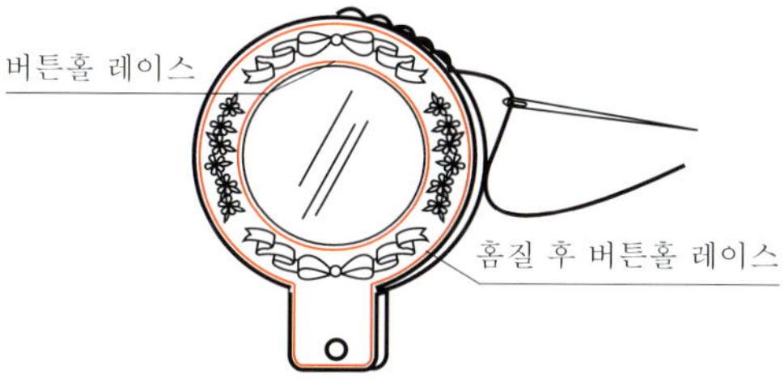

4 합성피혁 뒷면에 거울을 접착제로 붙여 고정한 후 그 위에 앞면을 붙여주세요.

5 빨간 선을 따라서 홈질한 후 테두리를 버튼홀 레이스 스티치로 마무리합니다. 단, 거울이 붙어 있는 안쪽 빨간 원은 홈질하지 않고 버튼홀 레이스 스티치를 놓습니다.

6 손잡이 부분 동그라미는 펀치로 뚫어서 태슬을 끼운 고리를 달아주세요. 마지막 심지에 물을 뿌려 녹여 준 후 잘 말려주세요.

Spring no.4

베이비 슈즈 액자 & 베이비 슈즈

Baby Shoes Frame & Baby Shoes

설레는 봄처럼 찾아온 아이의 첫 신발을 만들어요.

부디 항상 꽃길만 걸으면 좋겠어요.

베이비 슈즈 액자

- 사이즈 : 신발 가로 5.6cm, 세로 11cm, 밴드끈 가로 2.5cm, 세로 8cm
- 원단 : 리넨(겉감), 새틴(안감)
- 사용한 기법 : 리프 스티치, 레이지 데이지 스티치, 버튼홀 스티치, 버튼홀 레이스 스티치, 새틴 스티치, 스트레이트 스티치, 아웃트라인 스티치, 프렌치 노트 스티치
- 재료 : 리넨 겉감 2장, 새틴 안감 2장, 접착 심지 2장, 지름 17cm 나무 수틀 1개, 옥스퍼드 원단 1개, 리넨 밴드 1장, 고무밴드(10cm) 1개, DMC25번사
- 사용한 실 : 165, 351, 581, 747, 3341, ECRU

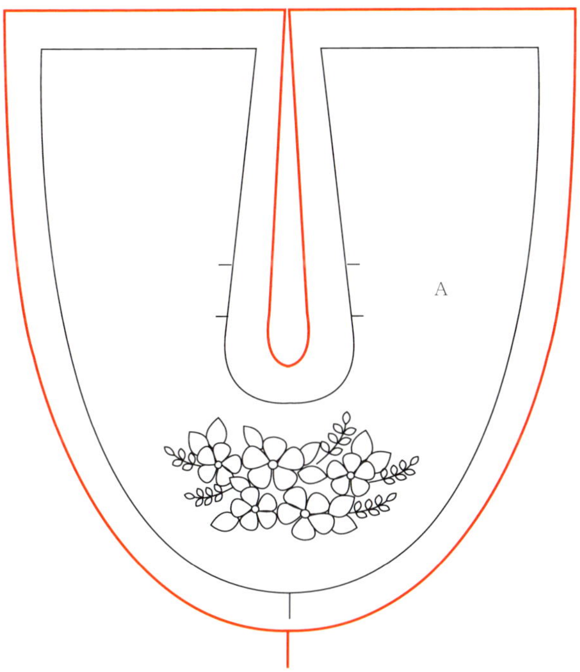

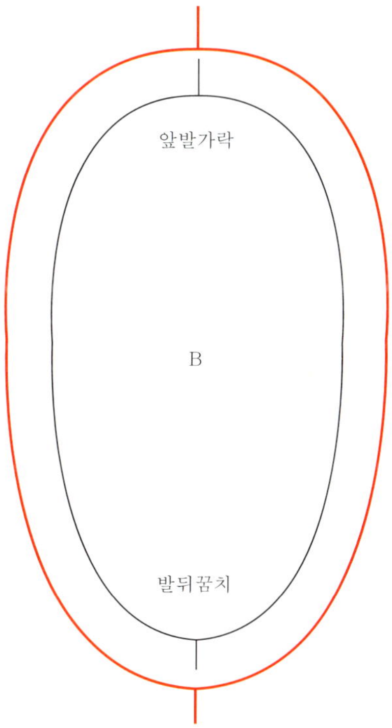

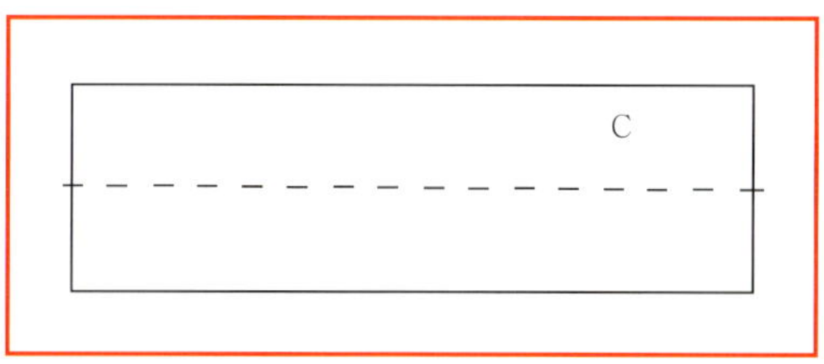

design

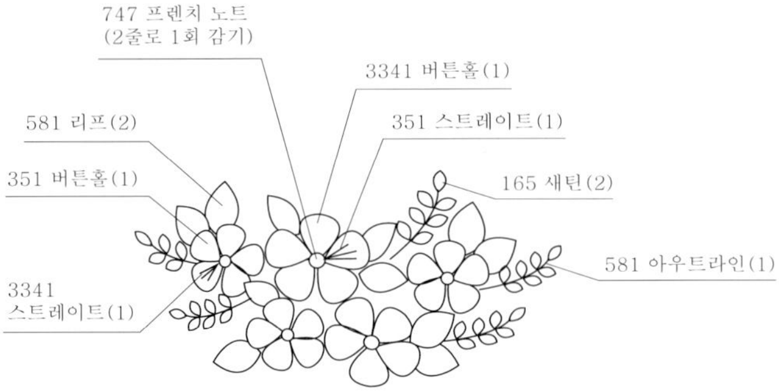
747 프렌치 노트
(2줄로 1회 감기)
3341 버튼홀(1)
581 리프(2)
351 스트레이트(1)
351 버튼홀(1)
165 새틴(2)
581 아우트라인(1)
3341
스트레이트(1)

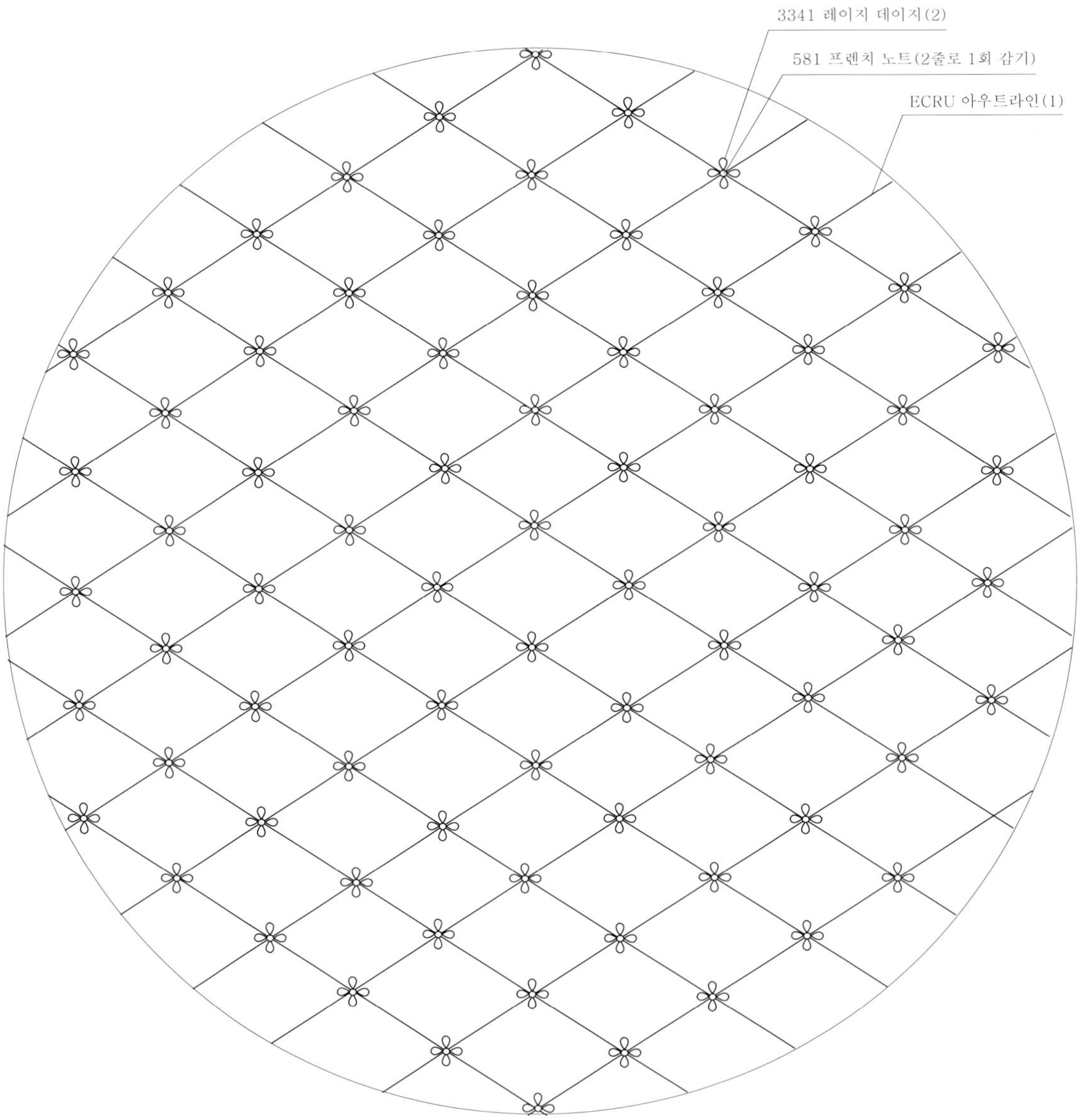
3341 레이지 데이지(2)
581 프렌치 노트(2줄로 1회 감기)
ECRU 아우트라인(1)

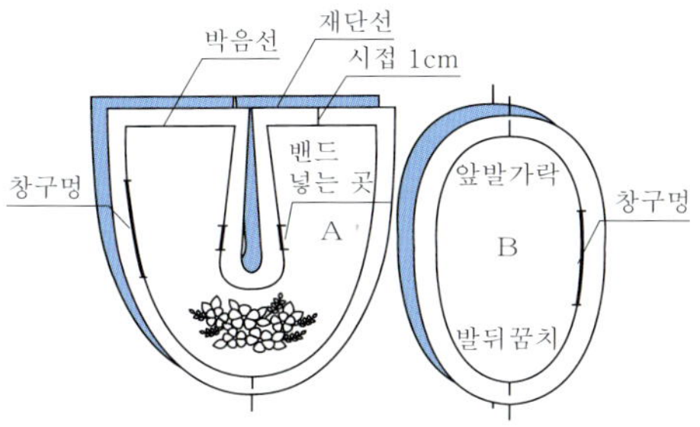

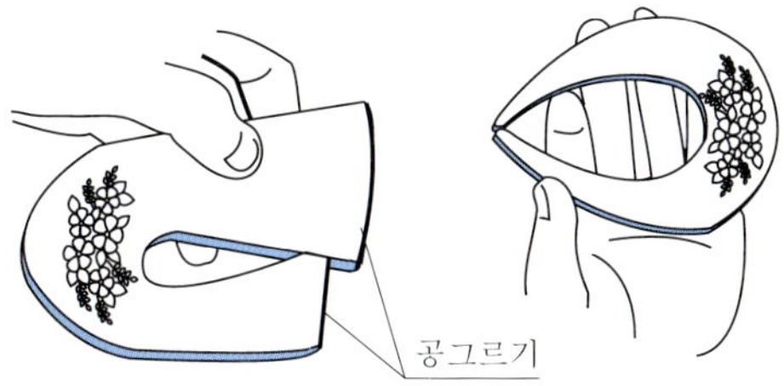

1 A원단(가로 10cm, 세로 10.5cm), B원단(가로 5.6cm, 세로 10.5cm), C원단(가로 2.5cm, 세로 8cm)을 준비합니다. 심지를 붙인 겉감A와 겉감B를 각각 안감을 서로 맞대고 박음선을 따라서 박음질합니다(밴드 넣는 곳과 창구멍은 제외함).

2 창구멍을 통해 뒤집은 후 창구멍은 공그르기로 막아줍니다. A의 뒷면을 서로 맞대어 공그르기합니다.

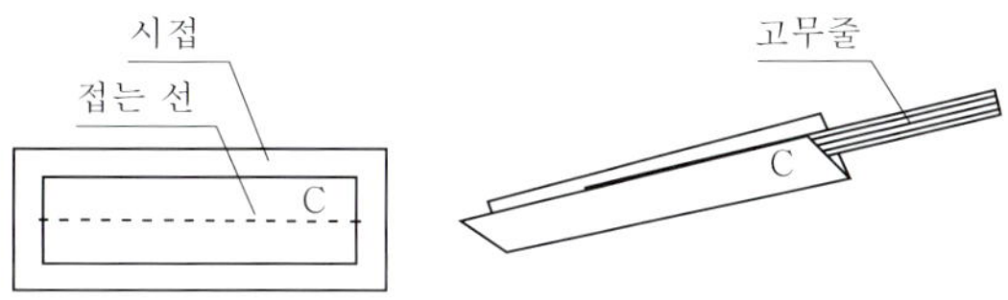

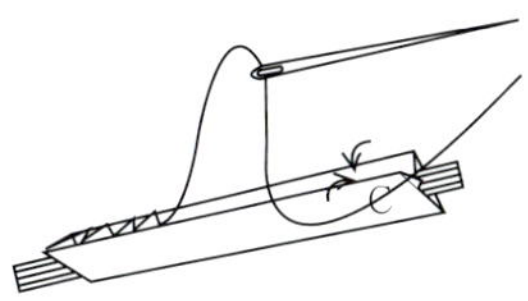

3 반으로 접은 밴드 원단 안에 고무줄을 넣어 원단 시접을 안으로 접어 공그르기합니다.

4 고무줄을 끼워 넣은 원단 한쪽을 홈질로 고정한 후 반대쪽에서 고무줄을 당겨 원단에 주름을 잡아주세요.

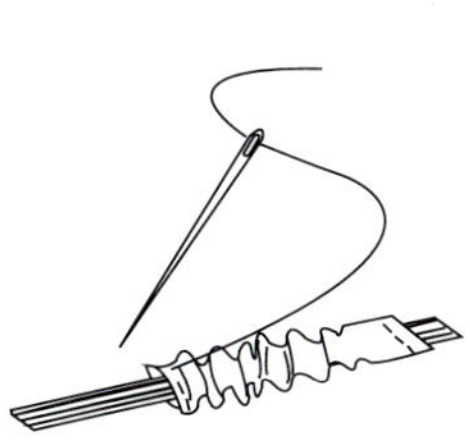

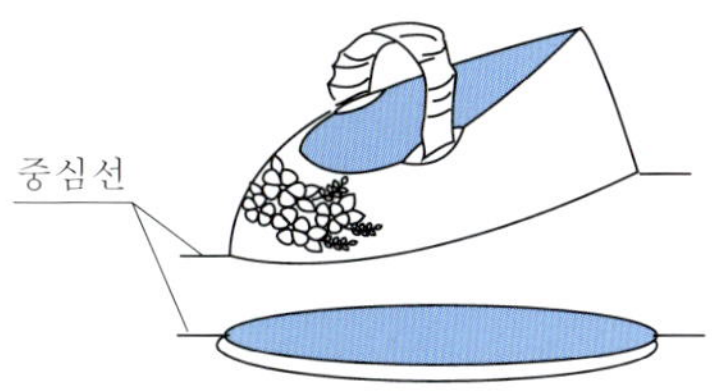

5 주름이 풀리지 않도록 홈질로 고정한 후 튀어나온 고무줄을 잘라냅니다.

6 완성된 밴딩끈은 밴드 넣는 창구멍에 넣어서 원단과 함께 홈질로 고정합니다.

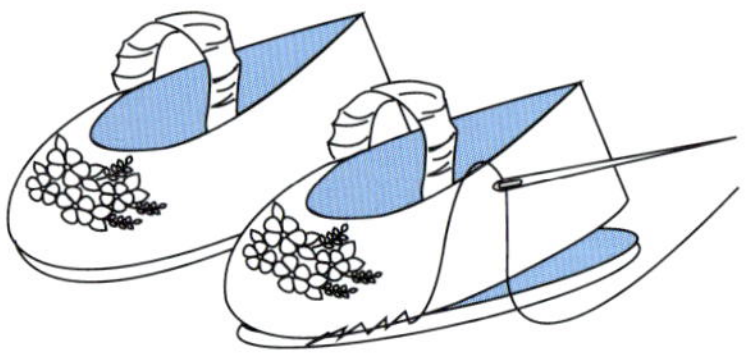

7 A원단과 바닥 B원단의 앞뒤 중심선을 맞춘 후 공그르기로 마무리합니다.

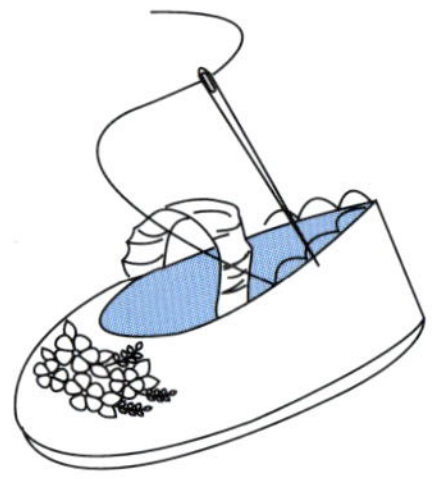

8 신발 입구 둘레는 버튼홀 레이스 스티치를 2줄 놓아 마무리합니다.

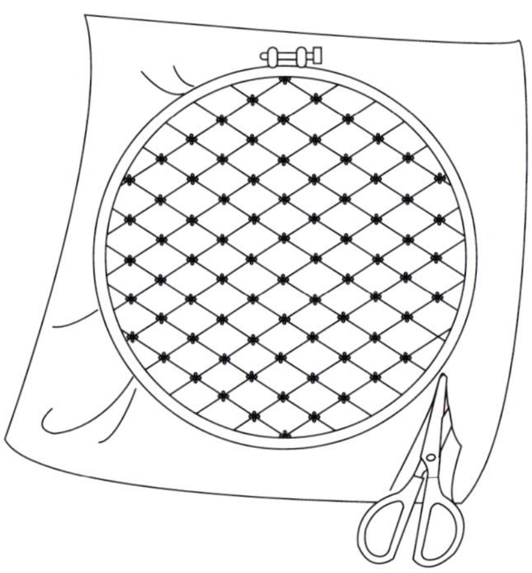

9 수놓인 액자 원단의 테두리를 가위로 오려주세요.

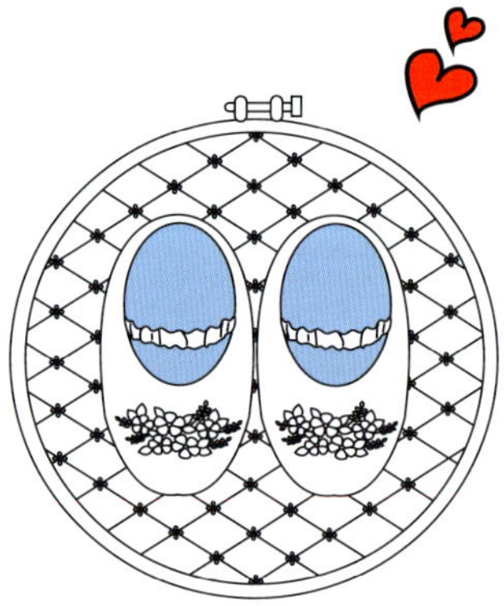

10 수틀액자 위에 룸슈즈를 중앙에 올려놓은 후 액자 원단과 룸슈즈를 함께 실로 고정합니다.

베이비 슈즈

† 사이즈 : 신발 가로 5.6cm, 세로10.5cm

† 원단 : 옥스퍼드(겉감), 새틴(안감)

† 사용한 기법 : 새틴 스티치, 스트레이트 스티치, 아웃트라인 스티치, 프렌치 노트 스티치, 체인 스티치

† 재료 : 옥스퍼드 겉감 3장, 새틴 안감 3장, 접착 심지 3장, 오시도리 면끈(폭 2mm, 길이 50cm) 2개, DMC25번사

† 사용한 실 : 444, 801, 900, 905, 907, 3713, 3760, BLANC

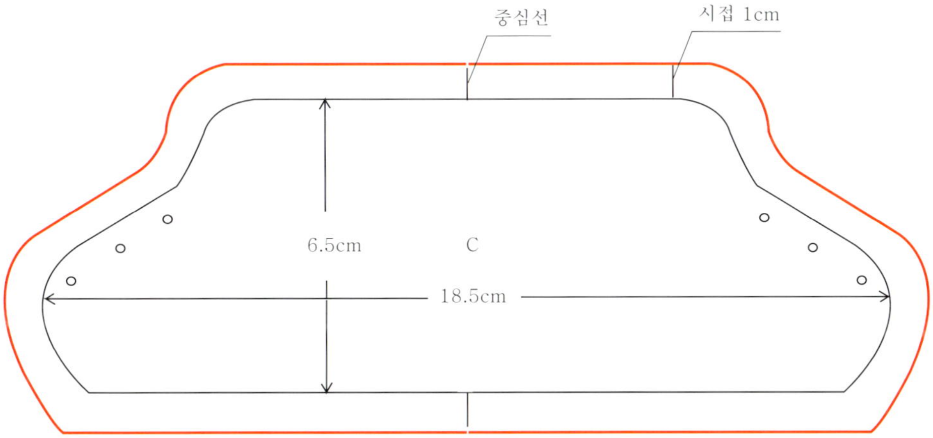

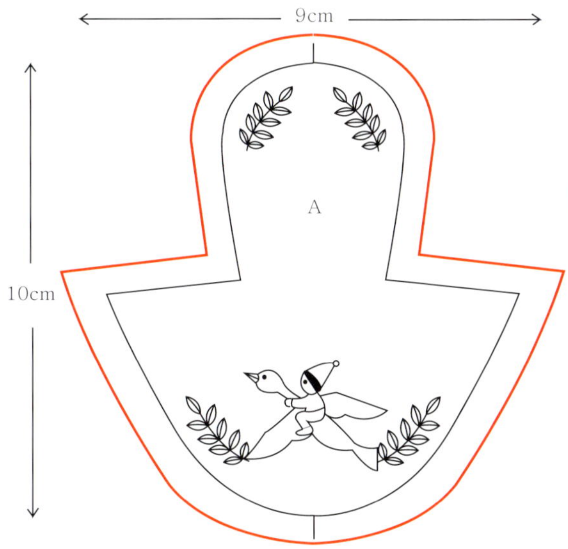

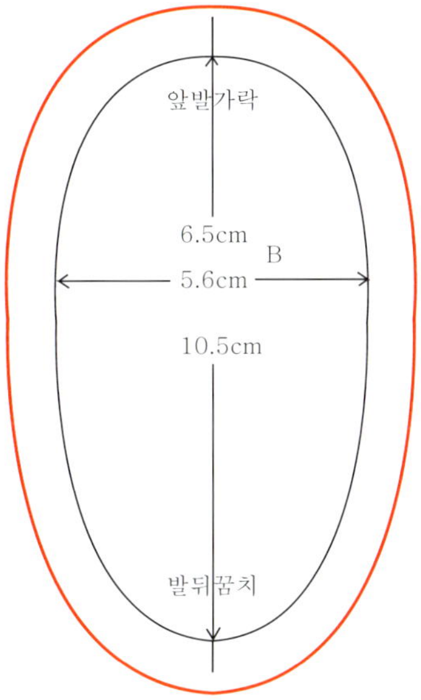

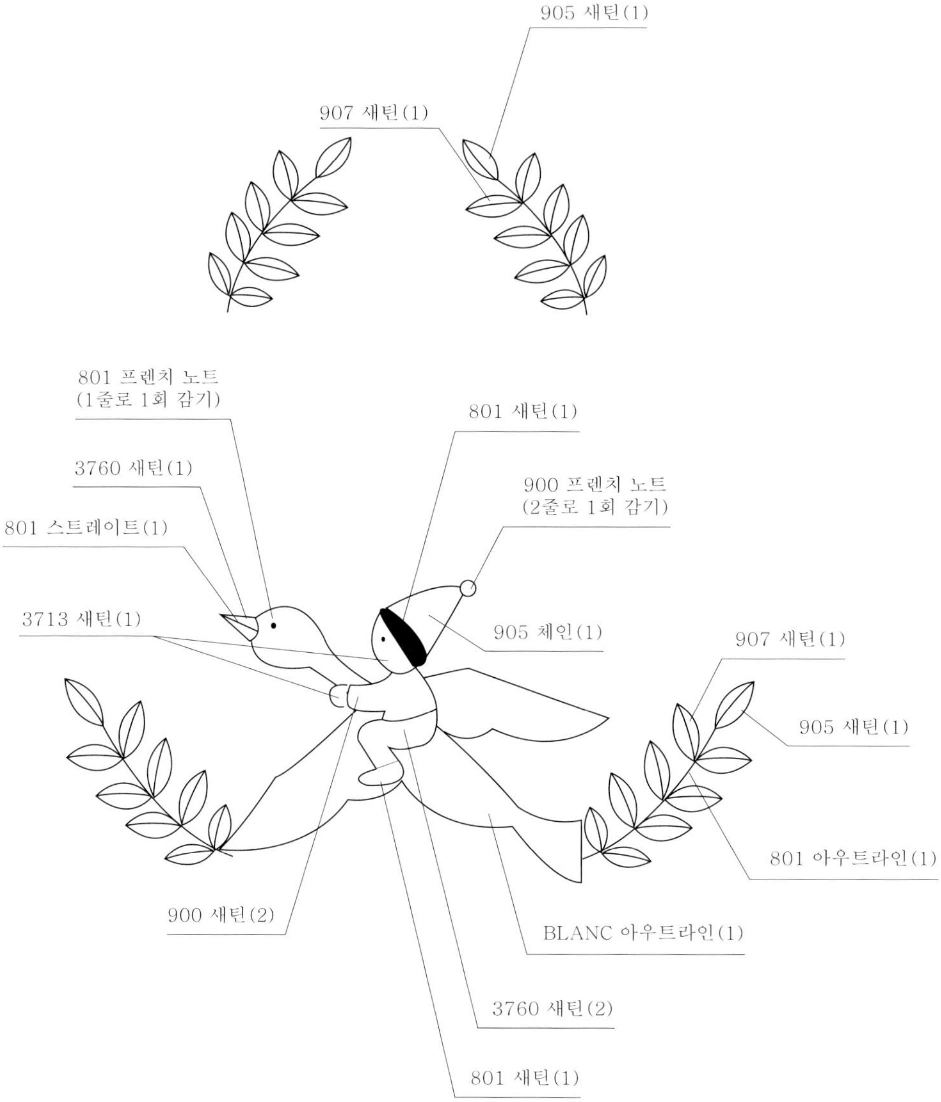
905 새틴(1)
907 새틴(1)
801 프렌치 노트
(1줄로 1회 감기)
801 새틴(1)
3760 새틴(1)
900 프렌치 노트
(2줄로 1회 감기)
801 스트레이트(1)
3713 새틴(1)
905 체인(1)
907 새틴(1)
905 새틴(1)
801 아우트라인(1)
900 새틴(2)
BLANC 아우트라인(1)
3760 새틴(2)
801 새틴(1)

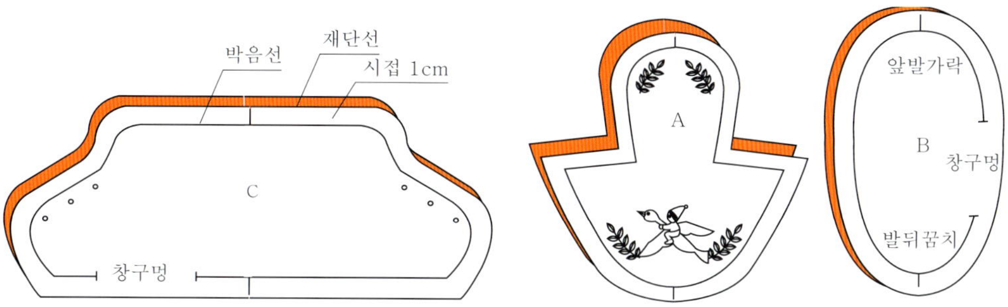

1 심지를 붙인 겉감A와 겉감B, 겉감C를 각각 안감을 서로 맞대고 박음선을 따라서 박음질합니다(창구멍은 제외함).

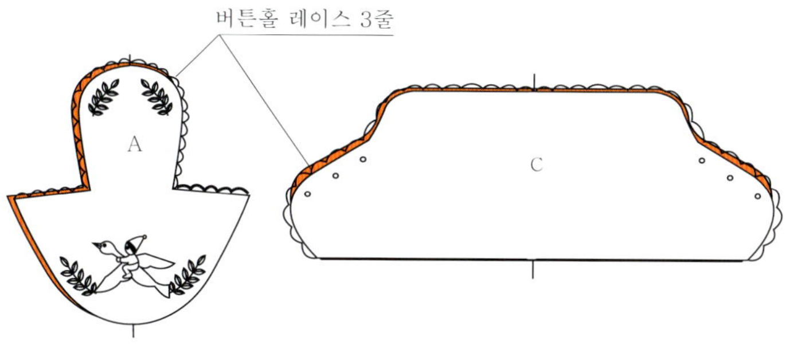

2 창구멍을 통해 뒤집은 후 창구멍은 공그르기로 막아줍니다.
바닥과 연결되지 않는 A와 B의 윗부분 테두리는 버튼홀 레이스 스티치로 장식합니다.

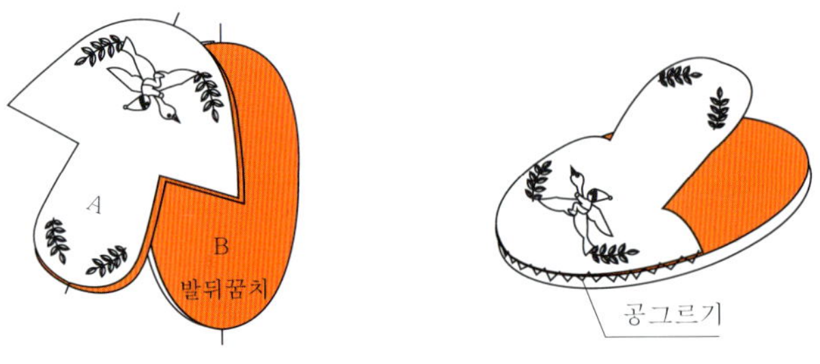

3 A와 B 안감면으로 마주하고 A의 앞중심선과 B의 앞중심선을 맞춰 고정한 후 공그르기합니다.

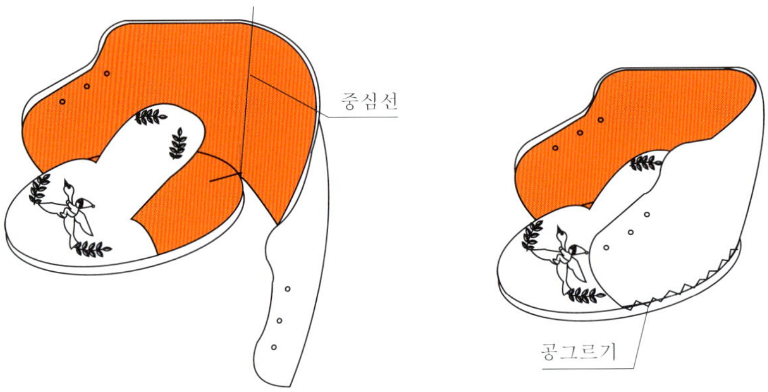

4 B와 C 안감면으로 서로 마주대고 뒤꿈치 중심선을 맞춘 후 공그르기합니다.

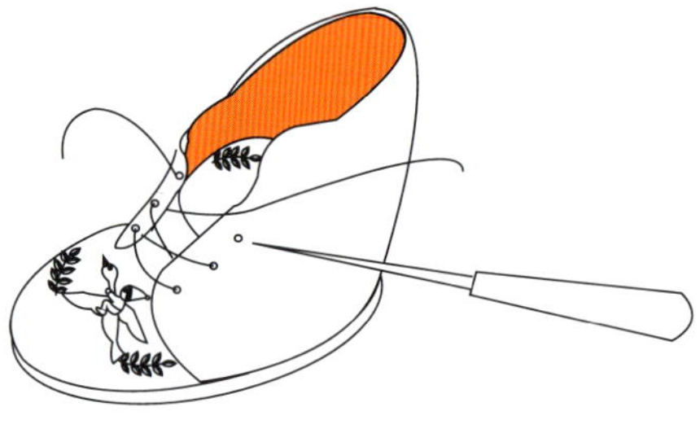

5 신발끈 위치를 송곳으로 뚫고 끈을 끼워 마무리합니다.

Spring no.5

다이어리 커버

Planner Cover

일상을 기록하는 노트 한 권을 준비해 커버를 씌워보세요.

시간이 흘러 우연히 들춰보았을 때 소중한 추억이 될 테니까요.

preparation

- 사이즈 : 가로 11.5cm, 세로 15.5cm
- 원단 : 합성피혁(겉감), 옥스퍼드(안감)
- 사용한 기법 : 롱 앤드 쇼트 스티치, 새틴 스티치, 아우트라인 스티치, 프렌치 노트 스티치
- 재료 : 합성피혁 원단 1장, 옥스퍼드 원단 1장, 리본 테이프(폭 1.5cm, 길이 1m), 원형 스트링 고무줄(두께 2mm, 길이 1m), 스와르브스키 꽃 크리스털 1개, DMC25번사, 무지노트 3권(가로 10.5cm,세로 14.5cm)
- 사용한 실 번호 : 18, 801, 806, 900, 905, 3031, 3842, BLANC

*무지노트는 마마케이 스마트스토어에서 구매할 수 있습니다.

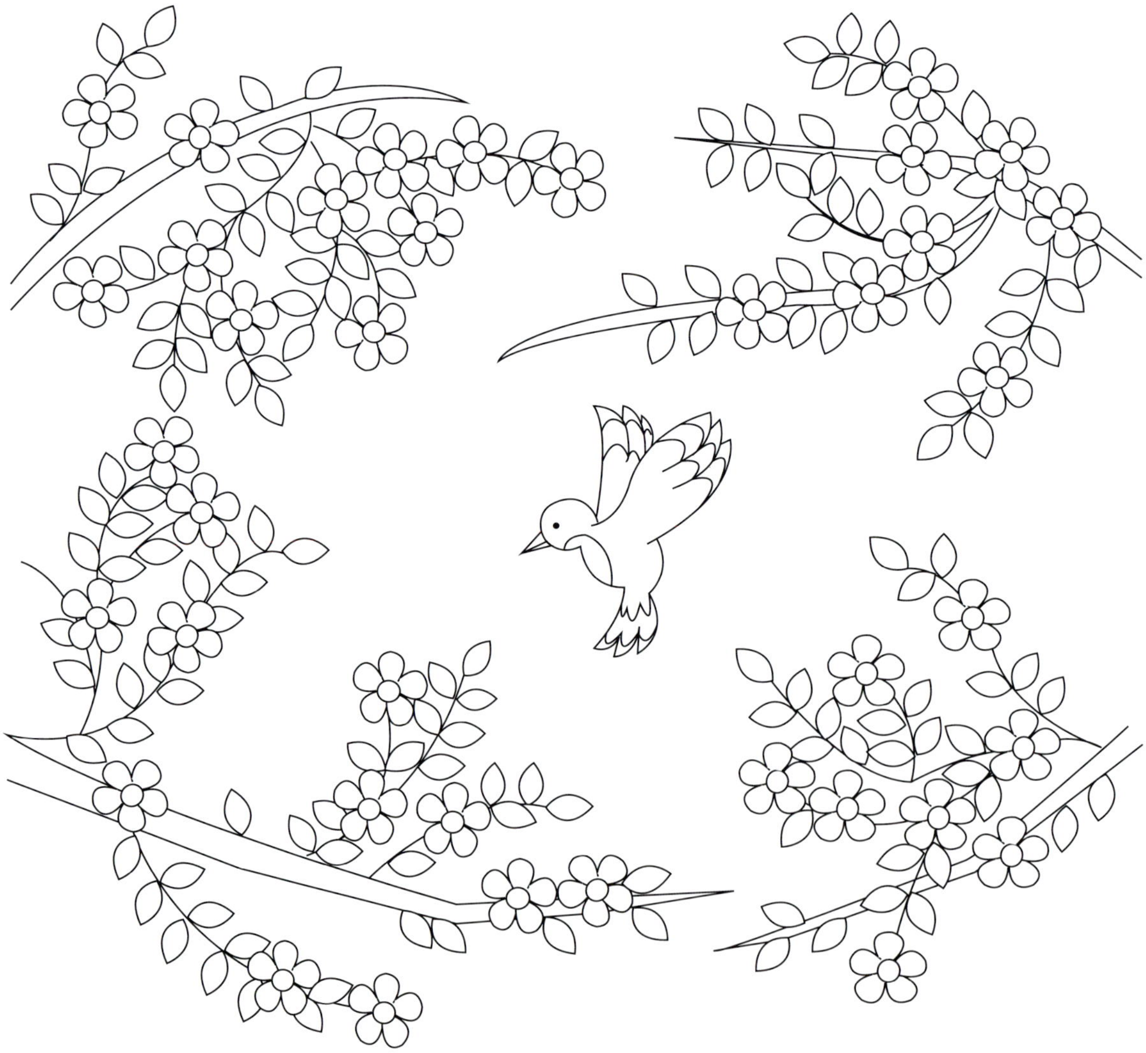

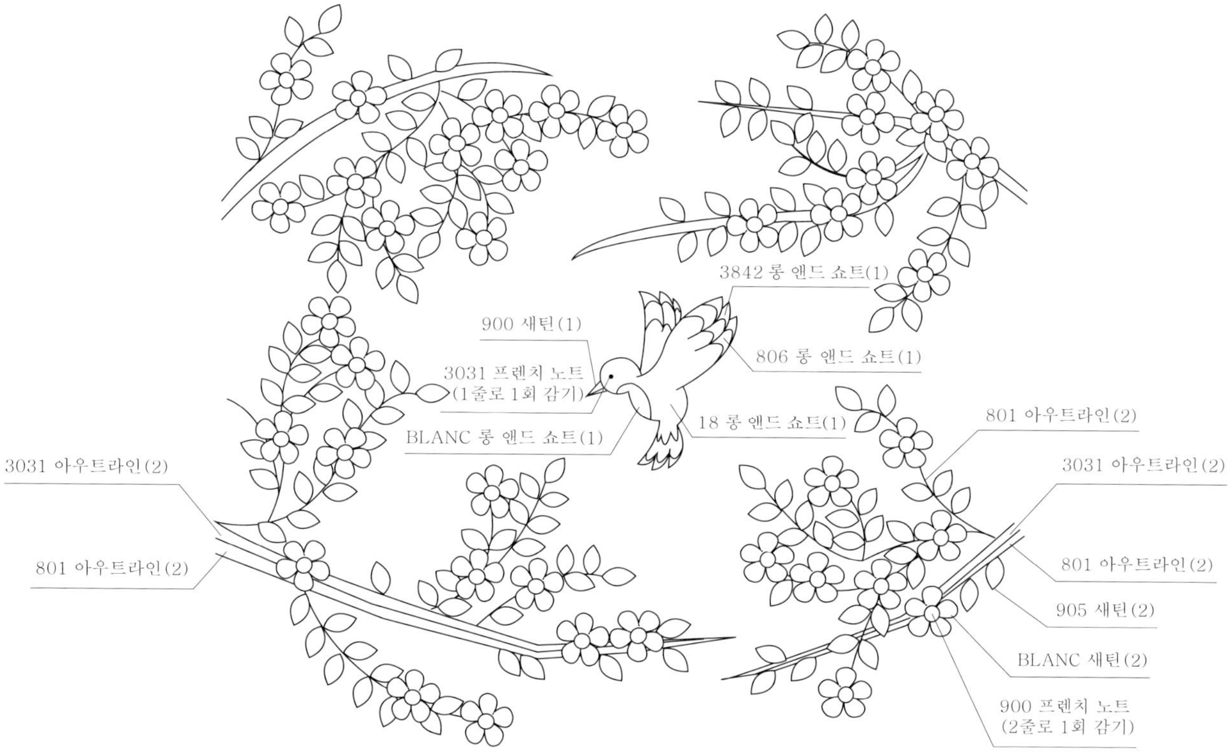
3842 롱 앤드 쇼트(1)
900 새턴(1)
806 롱 앤드 쇼트(1)
3031 프렌치 노트
(1줄로 1회 감기)
BLANC 롱 앤드 쇼트(1)
18 롱 앤드 쇼트(1)
801 아우트라인(2)
3031 아우트라인(2)
3031 아우트라인(2)
801 아우트라인(2)
801 아우트라인(2)
905 새턴(2)
BLANC 새턴(2)
900 프렌치 노트
(2줄로 1회 감기)

How to make

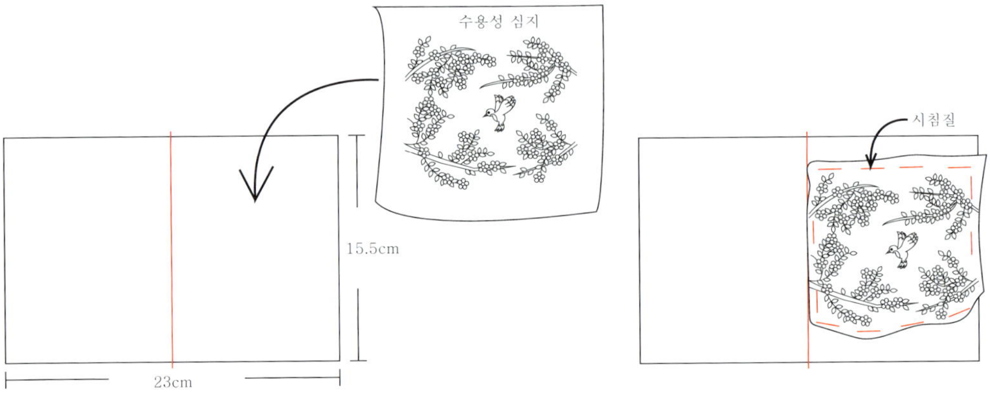

1 수용성 심지에 도안을 옮겨 그린 후 재단된 가죽 커버 위에 심지를 고정하고 시침질합니다.
2 가죽에 고정된 심지 위에 수를 놓아 완성한 후 심지에 분무기로 물을 뿌려 심지를 녹여주세요.

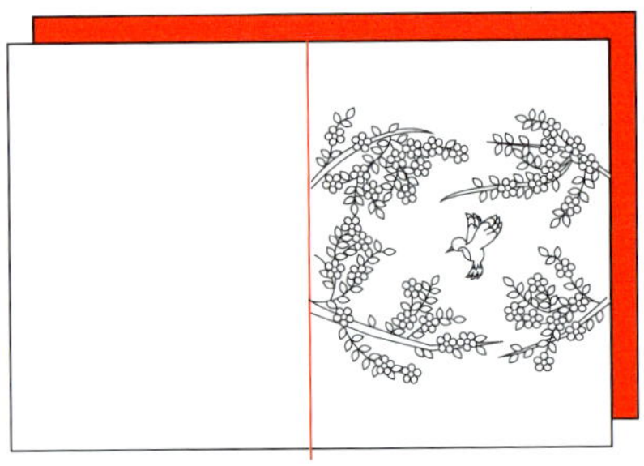

3 가죽 커버와 같은 크기의 안감을 1장 재단해주세요.

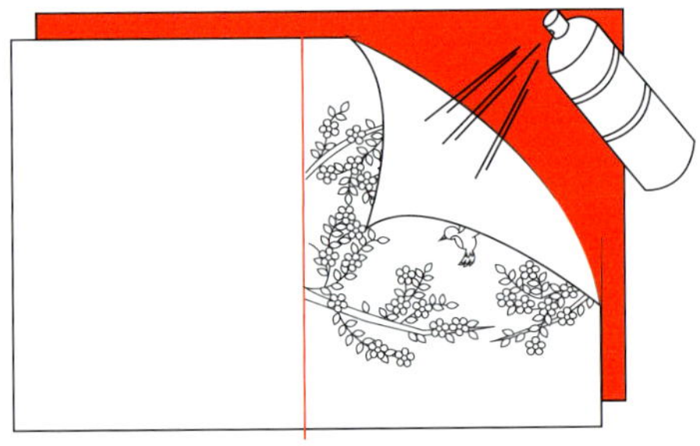

4 가죽 커버 수놓인 뒷면에 스프레이 접착제를 뿌린 후 안감을 붙여 고정해주세요.

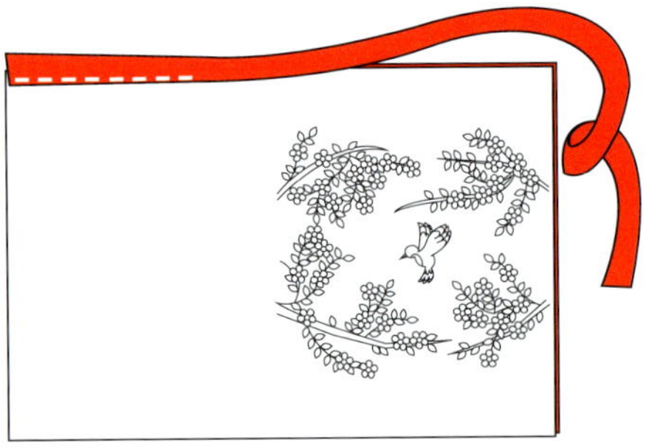

5 가죽 커버와 안감을 함께 고정한 후 테두리 둘레를 바이어스로 홈질하여 완성해주세요.

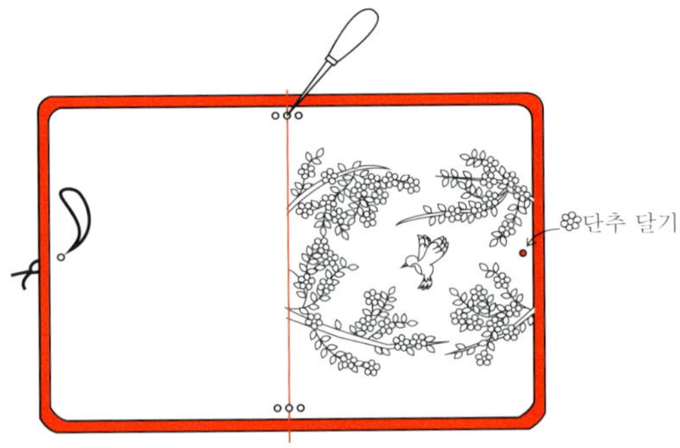

6 커버의 중심선을 기준으로 위아래에 구멍을 3개씩 뚫고 왼쪽에도 단추고리를 넣을 위치에 구멍을 뚫어주세요.

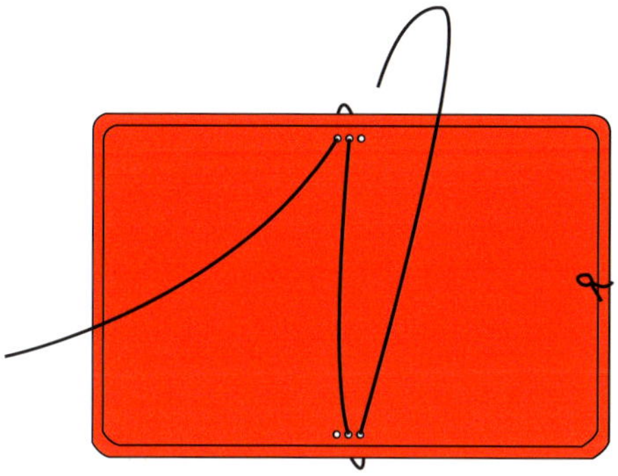

7 오른쪽 테두리 중심에 단추를 달아 고정하고 왼쪽 뚫어놓은 구멍에 8cm 길이의 원형 스트링 고무줄을 반으로 접어 끼워 넣고 매듭을 지어주세요.

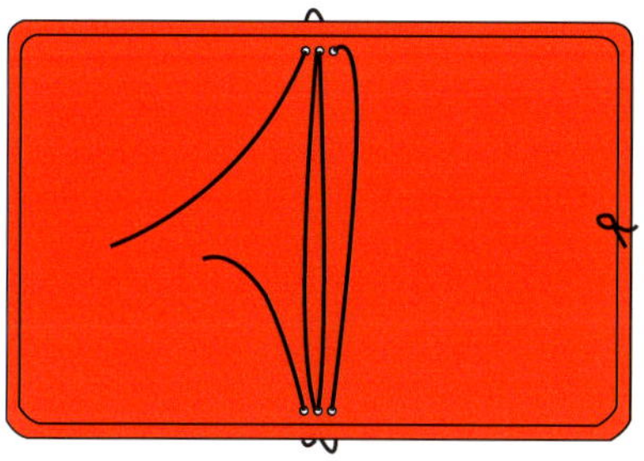

8 원형 스트링 고무줄을 첫 번째 구멍 안으로 넣어 위아래로 통과하며 매듭지어주세요.

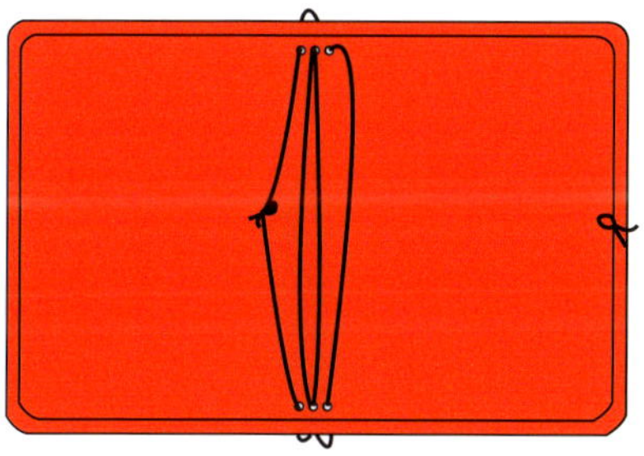

9 고무줄이 너무 느슨하지 않도록 주의해주세요.

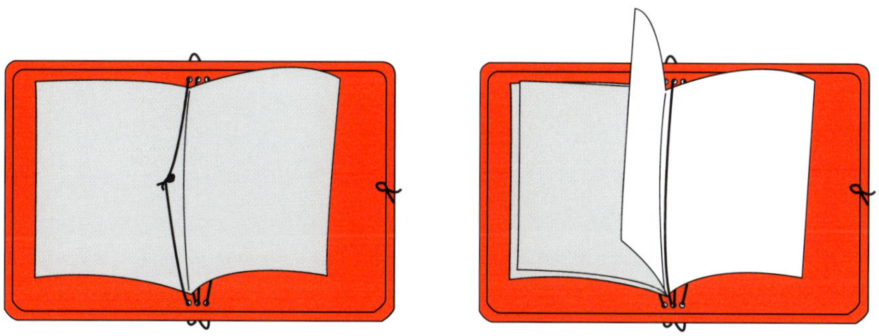

10 두세 권의 다이어리 노트를 펼쳐서 고무줄 사이사이에 끼워주세요.

Spring no.6

플라워 알파벳 액자

Flowers Alphabet Frame

알파벳 26자에서 꽃향기가 나는 것 같아요.

아기자기한 꽃으로 특별한 누군가의 이름을 수놓아보세요.

- 사이즈 : 가로 21cm, 세로 29cm
- 원단 : 옥스퍼드
- 사용한 기법 : 더블 캐스트온 스티치, 레이지 데이지 스티치, 리프 스티치, 루프 스티치, 버튼홀 플라워 스티치, 백 스티치, 불리온 스티치, 불리온 로즈 스티치, 불리온 링 스티치, 새틴 스티치, 스미르나 스티치, 스트레이트 스티치, 아우트라인 스티치, 오이스터 스티치, 캐스트온 스티치, 캐스트온 링 스티치, 케이블 스티치, 케이블 노트 스티치, 페더 스티치, 프렌치 노트 스티치, 휘프트 스파이더 휠 스티치, 휘프트 체인 스티치
- 재료 : 옥스퍼드 원단 1장, A4사이즈 캔버스 액자, DMC25번사
- 사용한 실 : 333, 336, 444, 445, 580, 600, 666, 760, 780, 807, 900, 3031, 3346, 3731, 3816, ECRU

*모든 줄기는 아우트라인 스티치 2줄로 합니다.

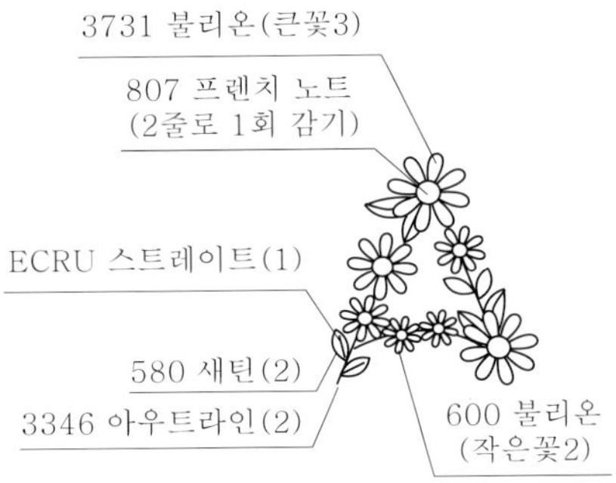

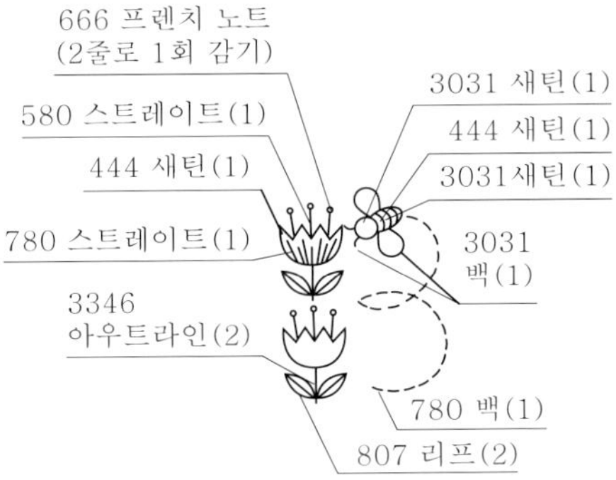

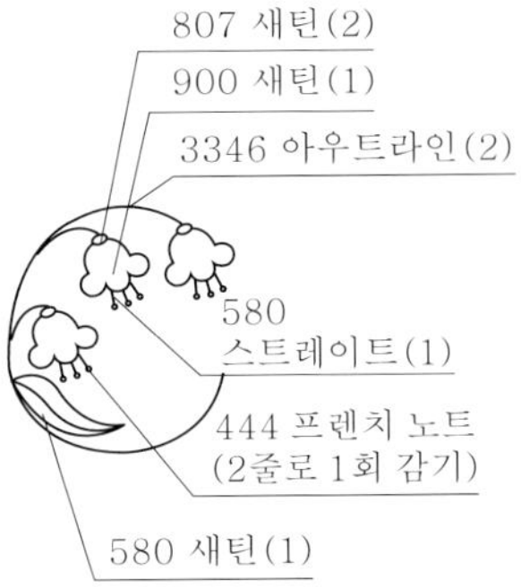

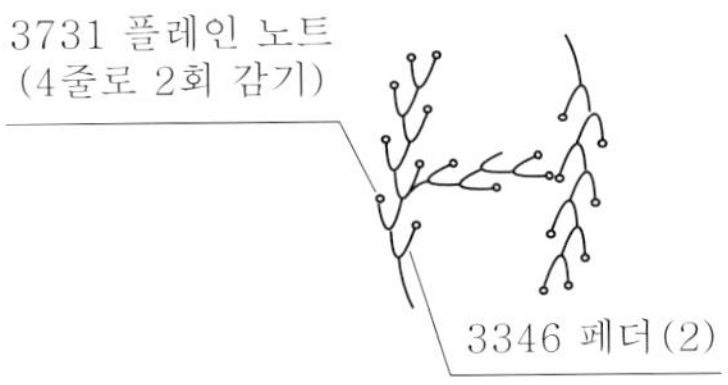

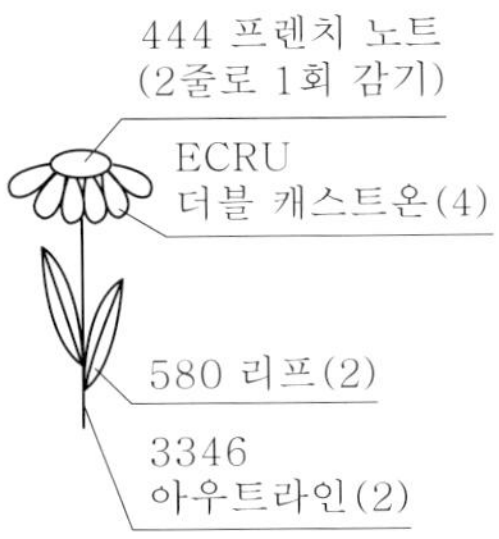

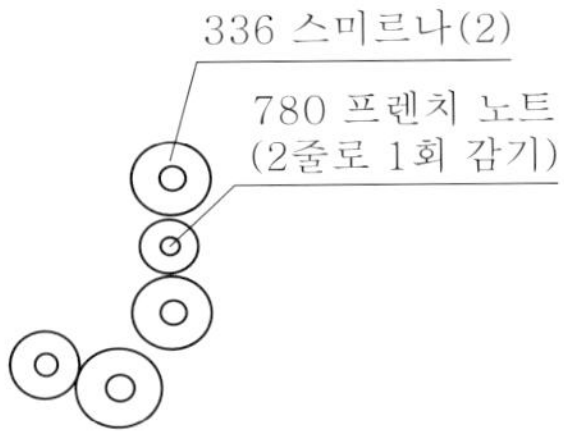

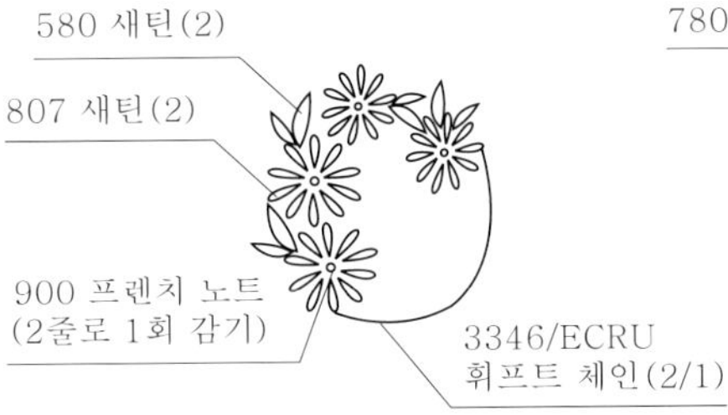

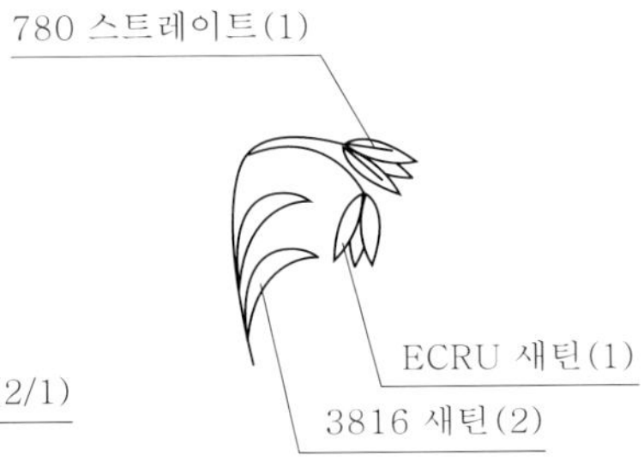

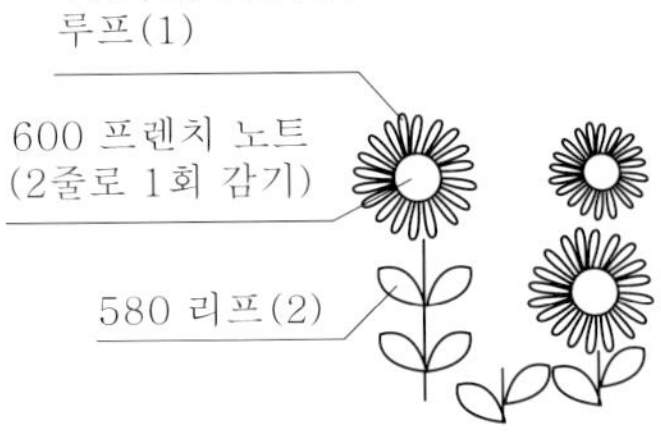

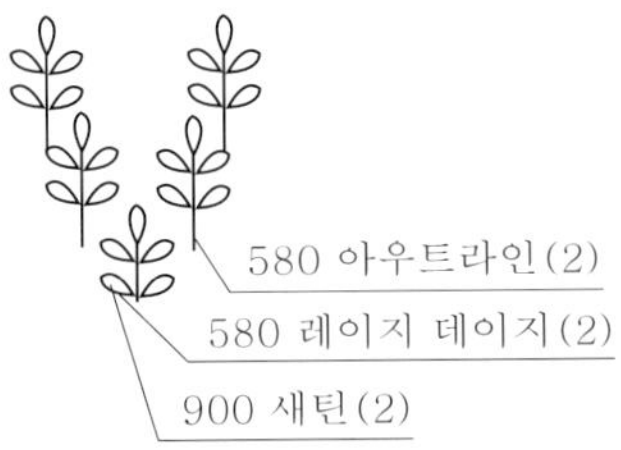

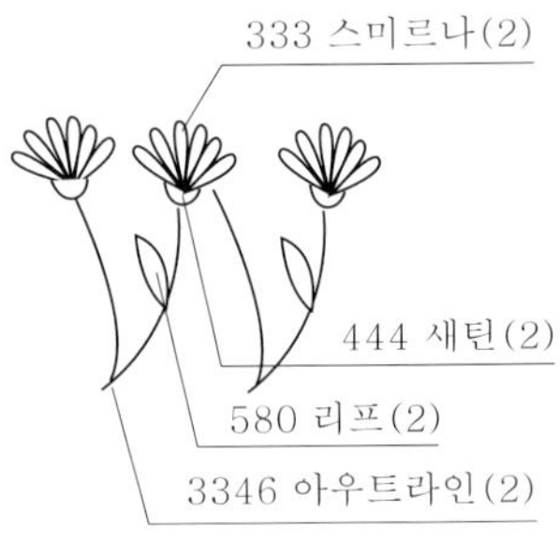

* 모든 줄기는 아우트라인스티치 2줄

807 프렌치 노트
(2줄로 1회 감기)
3816 새틴(2)
444 프렌치 노트
(2줄로 1회 감기)
333 불리온 링(2)
3346 아우트라인(2)
580 새틴(2)
600 프렌치 노트
(2줄로 1회 감기)
336 리프(2)
ECRU 백(2)
3346아우트라인(2)
666 새틴(2)
3816
캐스트온 링(2)
666프렌치노트
(2줄로 2회 감기)
3346
아우트라인(2)
3731(안)760(밖)
휘프트 스파이더 휠
807프렌치 노트
(2줄로 1회 감기)
580 새틴(2)
3346 아우트라인(2)
333/336(테두리)
버튼홀 플라워(1)
900 프렌치 노트
(2줄로 1회 감기)
580 리프(2)
3346 아우트라인(2)
444/445 프렌치 노트
(2줄로 1회 감기)
3346 아우트라인(2)
580 새틴(작은 잎2)
666 불리온 로즈(2)
580 리프(큰 잎2)
3346 아우트라인(2)
3346 아우트라인(2)
780 새틴(2)
3816/807
케이블 노트(10/6)
445프렌치노트
(2줄로2회감기)
3731새틴(2)
760 새틴(2)
3346 아우트라인(2)
900 프렌치 노트
(2줄로 1회 감기)
780 스트레이트(1)
ECRU
오이스터(2)
3031 백(1)
3346 아우트라인(2)
3346 프렌치 노트
(2줄로 1회 감기)
444 프렌치 노트
(2줄로 2회 감기)
3031
백(1)
ECRU 케이블(3)
666(안)900(밖)
체인(2)
3346 아우트라인(2)
336 새틴(1)
ECRU 스트레이트(1)
760 프렌치 노트
(2줄로 1회 감기)
3346 아우트라인(2)
580 새틴(1)
445(안)ECRU(밖)
프렌치노트(2줄로1회감기)
3731/600
캐스트온(2)
3816 새틴(2)
3346 아우트라인(2)

How to make

1 캔버스 액자 위에 완성한 자수 원단을 올려주세요.

2 액자 중앙에 수놓은 원단을 팽팽하게 맞춰 압정으로 고정 후 액자를 뒤집어주세요.

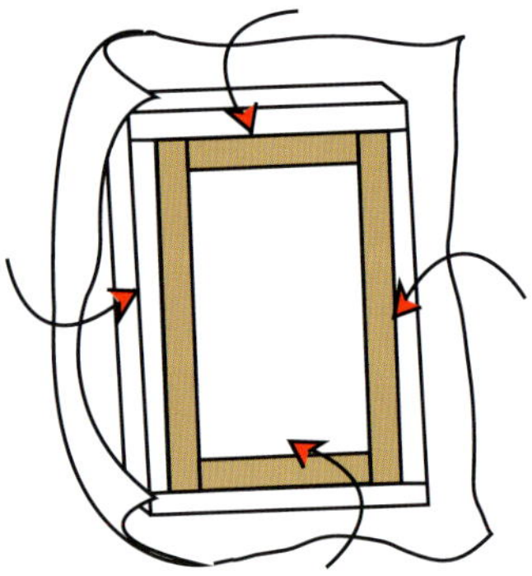

3 원단을 액자 뒤로 팽팽하게 당겨서 접은 후 압정으로 고정합니다.

4 고정한 압정은 제거 후 접은 원단과 캔버스 액자를 함께 타카총으로 단단히 고정합니다.

PART 2

여름

Summer

스토리 토트백

Story Tote Bag

어릴 적에 비오는 다락방에서 낡은 동화책을 꺼내 읽었던 기억, 책장을 넘길 때마다 나는 소리가 너무 좋았어요.

그때의 추억을 떠올리며 동화 속 한 장면을 수놓아보세요.

- 사이즈 : 가로 40cm, 세로 19cm, 폭 17cm
- 원단 : 하드캔버스
- 사용한 기법 : 버튼홀 레이스 스티치, 백 스티치, 새틴 스티치, 스트레이트 스티치, 아우트라인 스티치, 체인 스티치, 프렌치 노트 스티치, 휘프트 체인 스티치
- 재료 : 광목, 솜, 브로치, DMC25번사, 하드캔버스 토트백
- 사용한 실 번호 : 167, 444, 598, 613, 645, 646, 666, 760, 801, 895, 900, 905, 906, 3371, 3765, 3779, BLANC

*하드캔버스 토트백은 마마케이 스마트스토어에서 패키지 또는 단품으로 구매할 수 있습니다.

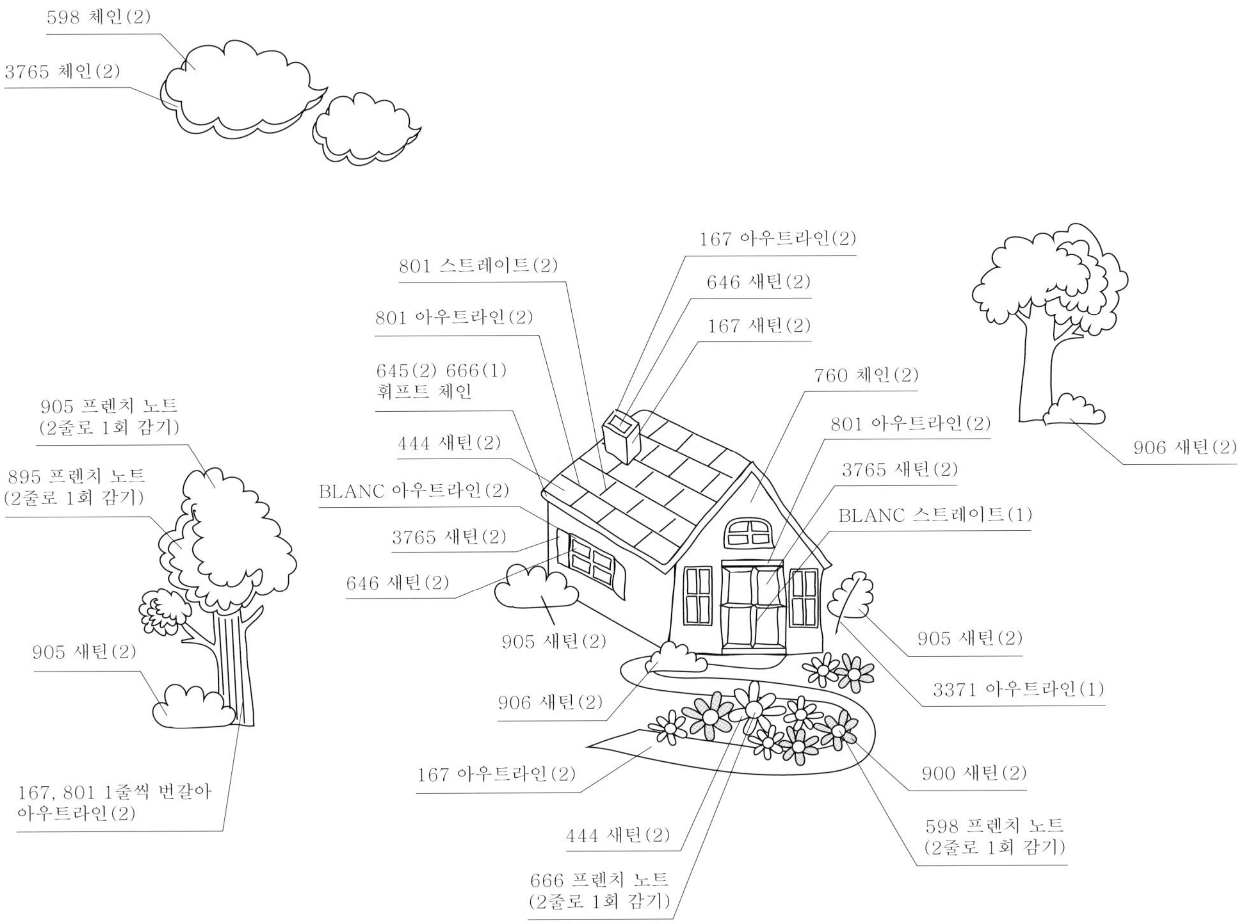
598 체인(2)
3765 체인(2)
905 프렌치 노트
(2줄로 1회 감기)
895 프렌치 노트
(2줄로 1회 감기)
905 새틴(2)
167, 801 1줄씩 번갈아
아우트라인(2)
801 스트레이트(2)
801 아우트라인(2)
645(2) 666(1)
휘프트 체인
444 새틴(2)
BLANC 아우트라인(2)
3765 새틴(2)
646 새틴(2)
905 새틴(2)
906 새틴(2)
167 아우트라인(2)
444 새틴(2)
666 프렌치 노트
(2줄로 1회 감기)
167 아우트라인(2)
646 새틴(2)
167 새틴(2)
760 체인(2)
801 아우트라인(2)
3765 새틴(2)
BLANC 스트레이트(1)
905 새틴(2)
3371 아우트라인(1)
900 새틴(2)
598 프렌치 노트
(2줄로 1회 감기)
906 새틴(2)

760 새틴(2)
666 아우트라인(2)
645 새틴(2)
646 아우트라인(2)
613 새틴(2)
BLANC 새틴(2)
3371 프렌치 노트
(2줄로 1회 감기)
613 아우트라인(2)
3371 새틴(2)
BLANC 새틴(2)
645 새틴(2)
666 아우트라인(2)
BLANC 아우트라인(2)
3371 백(테두리1)

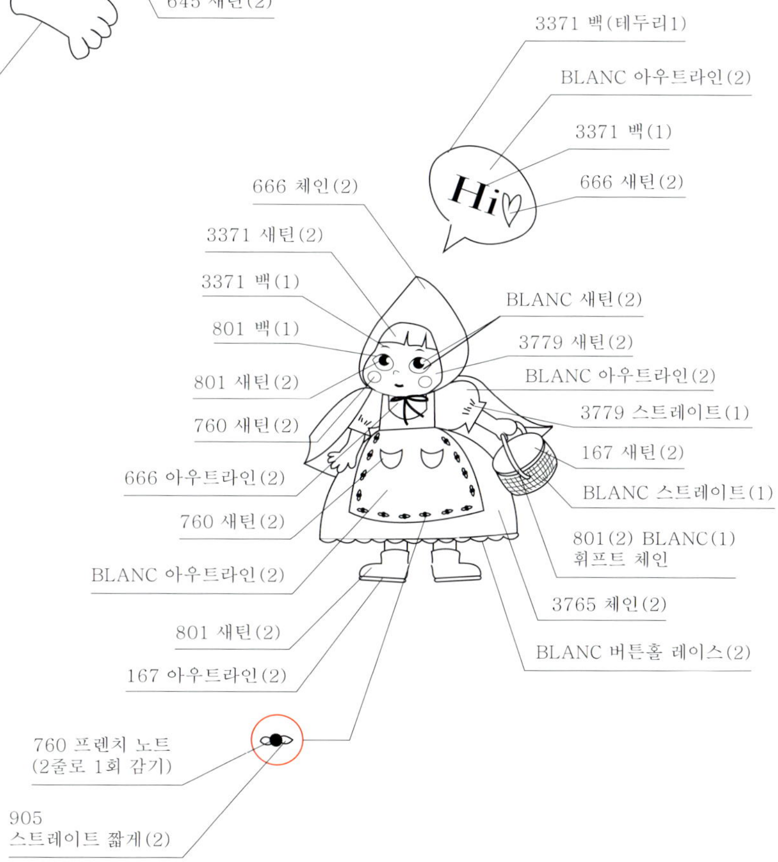
Hi♡
3371 백(테두리1)
BLANC 아우트라인(2)
3371 백(1)
666 새틴(2)
666 체인(2)
3371 새틴(2)
3371 백(1)
801 백(1)
801 새틴(2)
760 새틴(2)
666 아우트라인(2)
760 새틴(2)
BLANC 아우트라인(2)
801 새틴(2)
167 아우트라인(2)
BLANC 새틴(2)
3779 새틴(2)
BLANC 아우트라인(2)
3779 스트레이트(1)
167 새틴(2)
BLANC 스트레이트(1)
801(2) BLANC(1)
휘프트 체인
3765 체인(2)
BLANC 버튼홀 레이스(2)
760 프렌치 노트
(2줄로 1회 감기)
905
스트레이트 짧게(2)

How
to
make

1 완성된 수는 시접 1cm를 남기고 도안 테두리를 따라서 모두 잘라주세요.

2 같은 크기의 원단을 1장 더 잘라주세요.

3 그 위에 수놓인 원단을 올리고 테두리를 따라 박음질해 주세요(창구멍은 제외함).

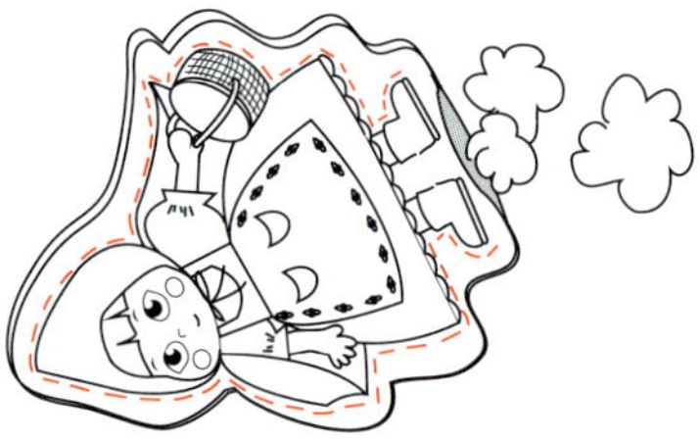

4 창구멍으로 솜을 넣어준 후 입구를 박음질로 막아주세요.

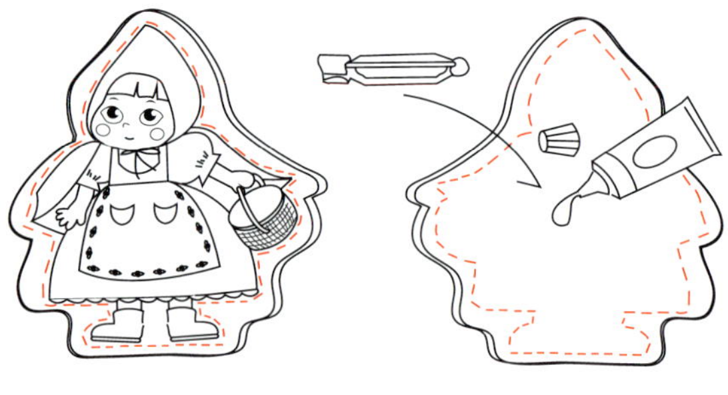

5 뒷면에 접착제를 발라 브로치핀을 붙여 고정합니다.

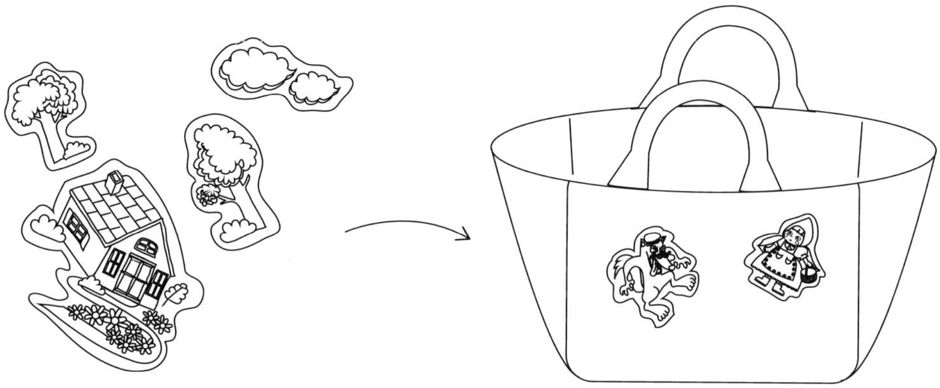

6 접착제가 마른 후 브로치를 가방에 달아 장식해주세요.

Summer no.2

로즈 블로섬 클러치백

Rose Blossom Clutch Bag

강렬하고 임팩트 있는 코발트블루가 무더운 여름과 잘 어울려요.
쨍한 핫핑크 로즈로 수놓은 블루클러치는 어디든 떠나고 싶게 만들어요.

† 사이즈 : 가로 34cm, 세로24cm

† 원단 : 옥스퍼드(도안), 캔버스(가방)

† 사용한 기법 : 리프 스티치, 백 스티치, 아우트라인 스티치, 새틴 스티치, 스트레이트 스티치, 프렌치 노트 스티치

† 재료 : 캔버스 클러치(가로 34cm, 세로24cm) 1개, MK울사, 옥스퍼드 원단

† 사용한 실 번호 : MK101, MK106, MK115, MK116, MK201, MK211

* 캔버스 클러치백은 마마케이 스마트스토어에서 패키지 또는 단품으로 구매할 수 있습니다.

* 장미에 달린 큰 잎사귀는 모두 MK116 리프 스티치 2줄로, 작은 잎사귀는 MK115 리프 스티치 2줄로, 모든 줄기는 MK106 아우트라인 스티치 1줄로 합니다.

*장미에 달린 큰 잎사귀는 모두 MK116 리프(2), 작은 잎사귀 MK115 리프(2)
모든 줄기는 MK106 아우트라인(1)합니다.

1 완성된 수는 시접 1cm를 남기고 도안 테두리를 따라서 모두 잘라주세요.

2 준비해둔 클러치나 파우치에 꽃자수 패치를 적당한 위치에 배열하고 시침질하여 고정해주세요.

3 고정된 꽃자수 패치 테두리를 따라 가방 원단과 함께 홈질합니다. 홈질하는 실은 가방 원단 색상과 비슷한 색상으로 해주세요.

4 홈질을 마무리한 후 시침질한 실을 잘라 정리합니다.

Summer no.3

헴프 리넨 플랫백

Hemp Linen Plat Bag

거칠고 길들여지지 않은 헴프 리넨 위에 들판 한가득 핀 야생화를 옮겨놓았어요.

바람 불면 흔들리는 꽃잎 모양 그대로 담아보세요.

† 사이즈 : 가로 34cm, 세로 36cm

† 원단 : 히말라야 헴프 리넨(겉감), 새틴(안감)

† 사용한 기법 : 더블 캐스트온 스티치, 레이지 데이지 스티치, 레이즈드 리프 스티치, 백 스티치, 불리온 링 스티치, 새틴 스티치, 스미르나 스티치, 스트레이트 스티치, 아우트라인 스티치, 오이스터 스티치, 캐스트온 링 스티치, 페더 스티치, 프렌치 노트 스티치

† 재료 : 히말라야 헴프 리넨 1장, 안감 1장, 안감 주머니 1장, 등나무 핸들 2개, 핸들 고정천 2개, MK울사, 수용성 심지

† 사용한 실 번호 : MK100, MK101, MK104, MK105, MK107, MK108, MK109, MK110, MK112, MK113, MK114, MK115, MK116, MK117, MK118, MK119, MK200, MK212

* MK울사는 마마케이에서 제작한 실로 마마케이 스마트스토어에서 구매할 수 있습니다.

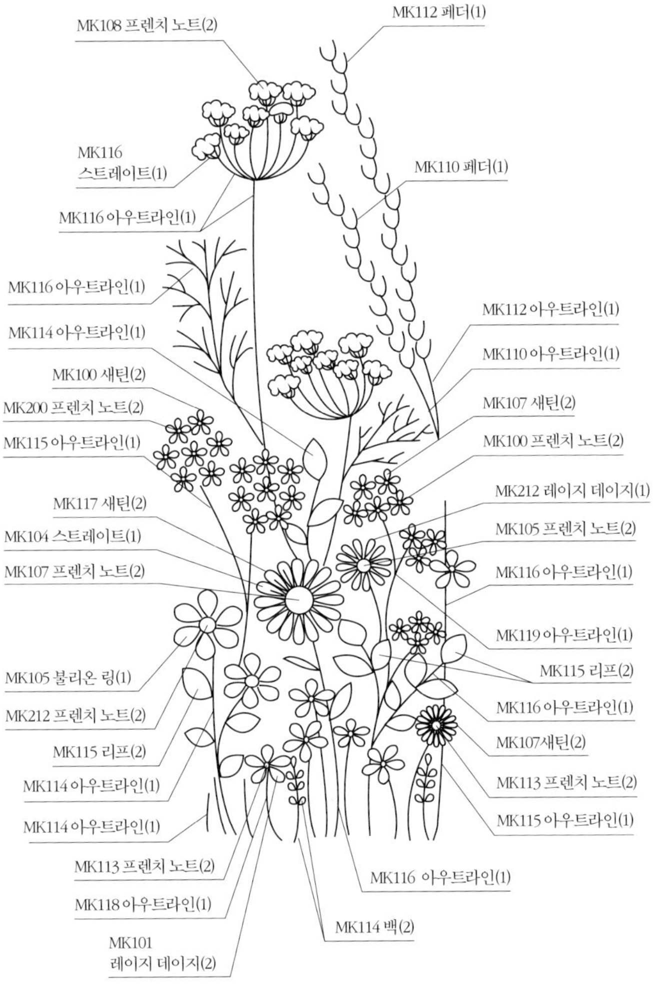

모든 프렌치 노트 2줄로 1회 감기

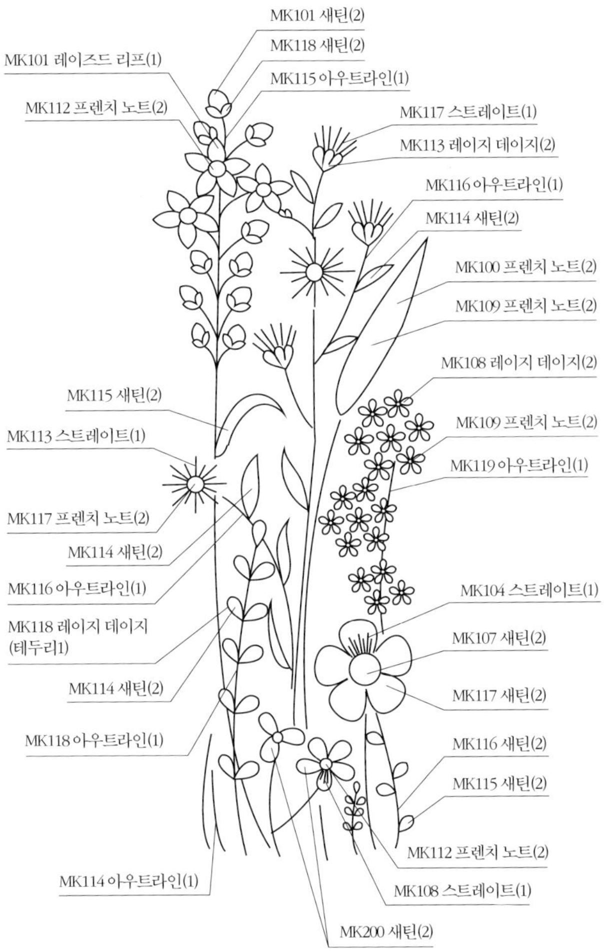

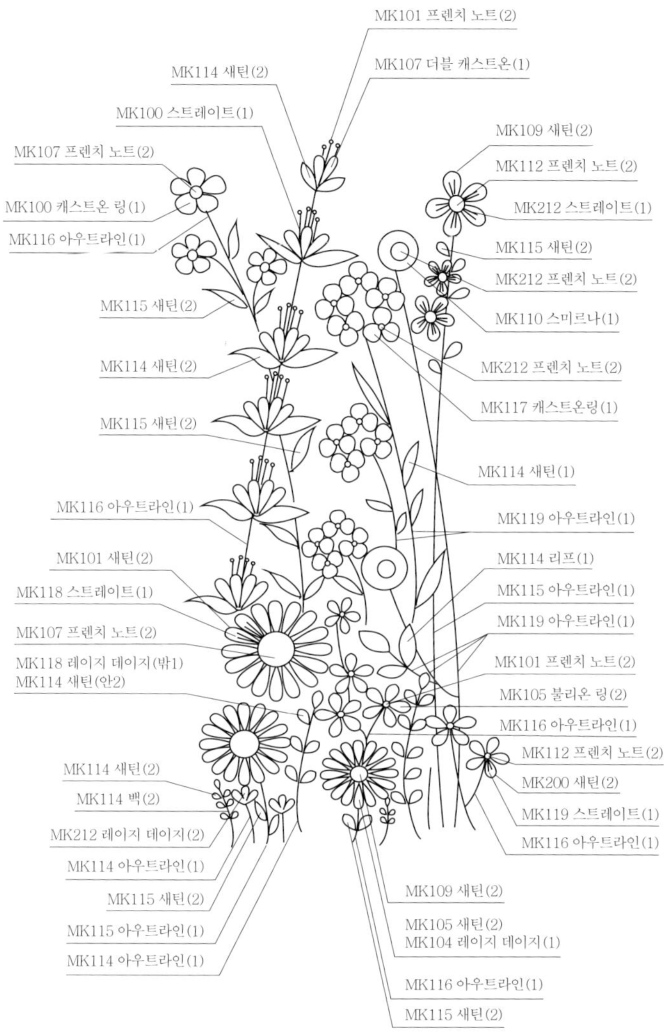
MK101 프렌치 노트(2)
MK107 더블 캐스트온(1)
MK114 새틴(2)
MK100 스트레이트(1)
MK107 프렌치 노트(2)
MK100 캐스트온 링(1)
MK116 아우트라인(1)
MK109 새틴(2)
MK112 프렌치 노트(2)
MK212 스트레이트(1)
MK115 새틴(2)
MK212 프렌치 노트(2)
MK110 스미르나(1)
MK115 새틴(2)
MK114 새틴(2)
MK212 프렌치 노트(2)
MK117 캐스트온링(1)
MK115 새틴(2)
MK114 새틴(1)
MK116 아우트라인(1)
MK119 아우트라인(1)
MK101 새틴(2)
MK114 리프(1)
MK118 스트레이트(1)
MK115 아우트라인(1)
MK107 프렌치 노트(2)
MK119 아우트라인(1)
MK118 레이지 데이지(밖1)
MK114 새틴(안2)
MK101 프렌치 노트(2)
MK105 불리온 링(2)
MK116 아우트라인(1)
MK112 프렌치 노트(2)
MK114 새틴(2)
MK200 새틴(2)
MK114 백(2)
MK119 스트레이트(1)
MK212 레이지 데이지(2)
MK116 아우트라인(1)
MK114 아우트라인(1)
MK115 새틴(2)
MK109 새틴(2)
MK115 아우트라인(1)
MK105 새틴(2)
MK104 레이지 데이지(1)
MK114 아우트라인(1)
MK116 아우트라인(1)
MK115 새틴(2)

MK113 새틴(2)
MK110 페더(1)
MK100 스트레이트(1)
MK107 프렌치 노트(2)
MK112 페더(1)
MK116 아우트라인(1)
MK117 캐스트온 링(1)
MK212 프렌치 노트(2)
MK115 리프(2)
MK119 아우트라인(1)
MK116 아우트라인(1)
MK114 리프(2)
MK117 오이스터(2)
MK100 프렌치 노트(2)
MK108 프렌치 노트(2)
MK110 아우트라인(1)
MK210 프렌치 노트(2)
MK114 리프(2)
MK101 새틴(2)
MK100 프렌치 노트(2)
MK113 프렌치 노트(2)
MK109 프렌치 노트(2)
MK115 아우트라인(1)
MK114 아우트라인(1)
MK212 불리온 링(1)
MK115 리프(2)
MK114 새틴 (2)
MK116 아우트라인(1)
MK118 레이지 데이지(밖1)
MK114 새틴(안2)
MK114 새틴(2)
MK114 아우트라인 (1)
MK114 백(2)
MK115 아우트라인 (1)

How to make

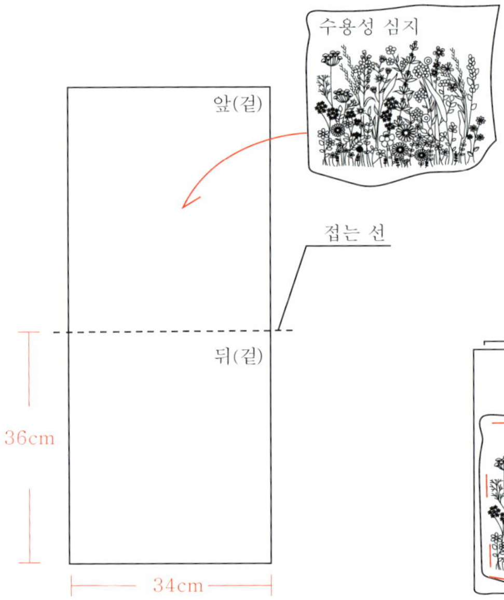

1 수용성 심지에 도안을 옮겨 그린 후 헴프 리넨 위에 심지를 고정하고 시침질합니다.

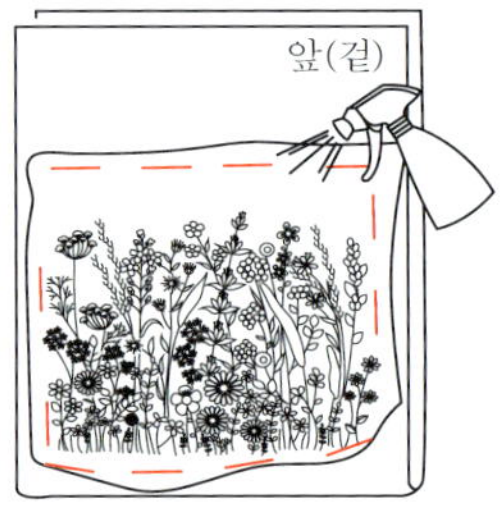

2 1에 수를 놓아 완성한 후 심지에 분무기로 물을 뿌려 심지를 녹여주세요.

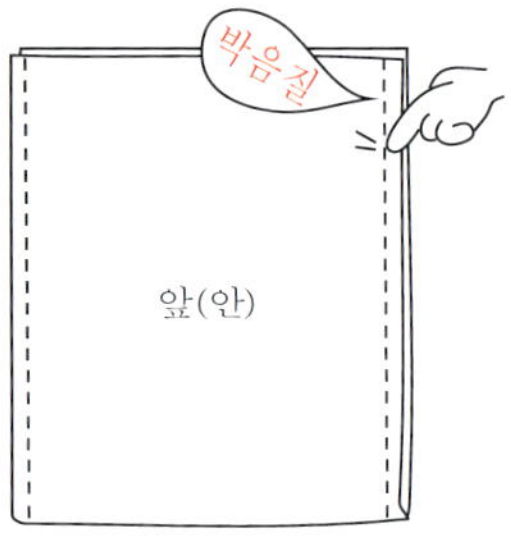

3 원단을 뒤집어 양옆 박음선을 따라서 박음질합니다.

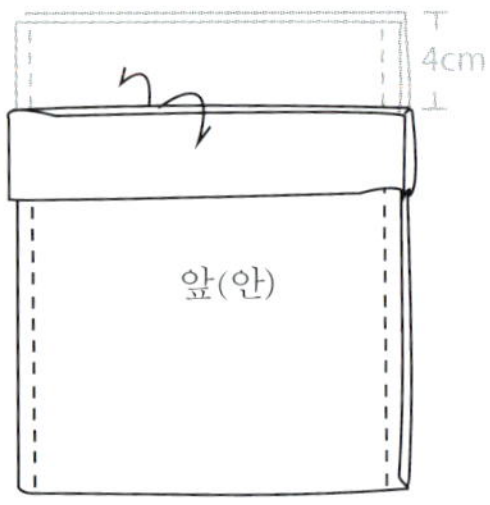

4 시접 윗부분을 바깥으로 4cm 접은 후 다림질하고 다시 뒤집어주세요.

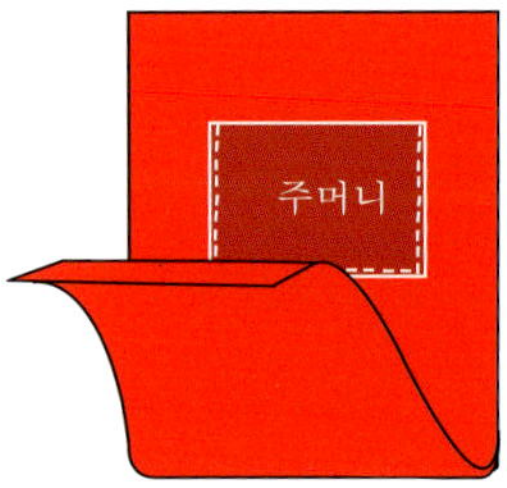

5 안감 안쪽 중앙에 주머니를 박음질한 후 양쪽 박음선을 따라 옆선을 바느질합니다.

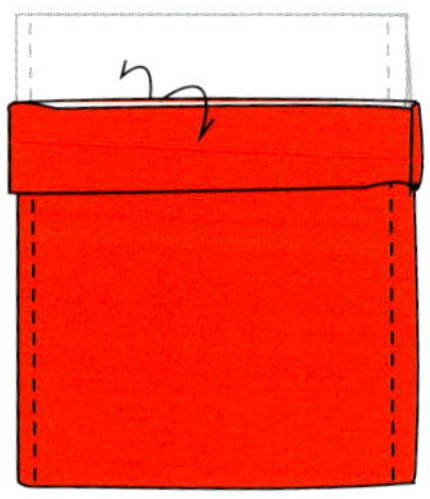

6 겉감과 같은 높이로 입구 시접을 밖으로 4cm 뒤집어 접어주세요.

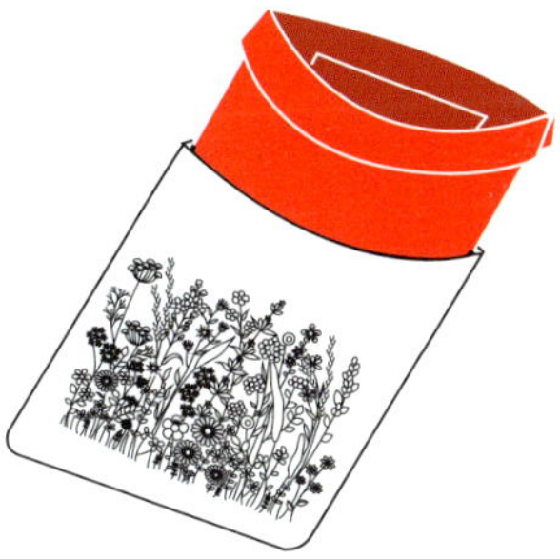

7 헴프 리넨 겉감 안으로 안감을 넣어주세요.

8 겉감과 안감의 양쪽 박음선을 잘 맞춘 후 뒤틀리지 않도록 시침질을 먼저 해주세요.

9 우드 프레임 양쪽에 조각원단을 핀으로 고정한 후 겉감과 안감 사이에 넣고 함께 홈질합니다.

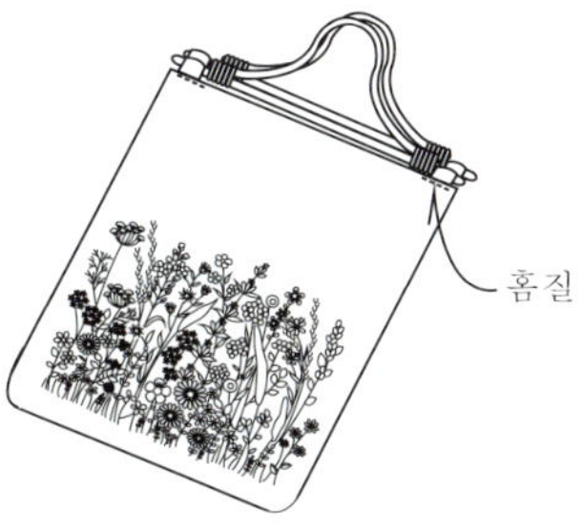

10 시침실을 제거하고 마지막 겉감과 안감을 함께 공그르기로 마무리합니다.

Summer no.4

<<<<<<<<<<<<<<<

헴프 리넨 토트백

Hemp Linen Tote Bag

싱그러운 꽃과 과일자수가 가득해서 보는 내내 기분이 좋아요.

싱싱한 과일을 넣어 가볍게 피크닉을 떠나고 싶어요.

† 사이즈 : 가로 27.5cm, 세로 19cm, 가방끈 30cm

† 원단 : 히말라야 헴프 리넨(겉감), 옥스퍼드(안감)

† 사용한 기법 : 레이지 데이지 스티치, 레이즈드 리프 스티치, 레이즈드 버튼홀 스티치, 리프 스티치, 루프 스티치, 버튼홀 스티치, 백 스티치, 블로섬 스티치, 불리온 스티치, 새틴 스티치, 스트레이트 스티치, 아우트라인 스티치, 체인 스티치, 캐스트온 링 스티치, 프렌치 노트 스티치

† 재료 : 히말라야 헴프 리넨 5장 핸들 2개, 안감 주머니백, 가방 바닥재, MK울사, 수용성 심지

† 사용한 실 번호 : MK100, MK101, MK102, MK103, MK104, MK105, MK106, MK107, MK108, MK109, MK111, MK112, MK113, MK114, MK115, MK117, MK118, MK119, MK120, MK200, MK201, MK212, MK213, MK214, MK215, MK216, MK211

* MK울사는 마마케이에서 제작한 실로 마마케이 스마트스토어에서 구매할 수 있습니다.

MK107 버튼홀(1)
MK212 스트레이트(1)
MK119 아우트라인(1)
MK115 새틴(2)
MK120 새틴(2)
MK102 새틴(2)
MK103 스트레이트(1)
MK211 프렌치 노트(2)
MK113 프렌치 노트(2)
MK115 리프(2)
MK119 아우트라인(1)
MK101프렌치 노트(2)
MK105 스트레이트(1)
MK212 스트레이트(1)
MK115 새틴(2)
MK114 아우트라인(1)
MK115 리프(2)
MK119 아우트라인(1)
MK120 스트레이트(1)
MK120 아우트라인(1)
MK113 새틴(2)
MK211 새틴(2)
MK212 프렌치 노트(2)
MK101 레이지 데이지(겉1)
MK213 레이지 데이지(안1)
MK115 리프(2)
MK119 아우트라인(1)
MK111 체인(1)
MK114 아우트라인(1)
MK120 새틴(2)
MK114 아우트라인(1)
MK201 새틴(2)
MK111 프렌치 노트(2)
MK101 스트레이트(1)
MK119 스트레이트(1)
MK212프렌치 노트(2)
MK105 체인(1)
MK112 체인(1)
MK215 루프(1)
MK101프렌치 노트(2)
MK120 체인(1)
MK100 스트레이트(1)
MK115 새틴(2)
MK120 스트레이트(1)
MK114 아우트라인(1)
MK108 새틴(2)
MK118 새틴(2)
MK111 불리온(1)

MK114 아우트라인(1)
MK108 프렌치 노트(2)
MK211 프렌치 노트(2)
MK216 불리온(1)
MK100 블로섬(안1)
MK109 블로섬(겉1)
MK114 아우트라인(1)
MK114 아우트라인(1)
MK215 스트레이트(1)
MK109 새틴(2)
MK117 프렌치 노트(2)
MK119 아우트라인(1)
MK120 체인(1)
MK100 아우트라인(1)
MK119 아우트라인(1)
MK프214 레이즈드 리프(1)
MK212 프렌치 노트(2)
MK107 프렌치 노트(2)
MK112 새틴(2)
MK101 프렌치 노트(2)
MK118 아우트라인(1)
MK108 프렌치 노트(2)
MK114 아우트라인(1)
MK201 아우트라인(1)
MK212 아우트라인(1)
MK213 프렌치 노트(2)
MK114 아우트라인(1)

MK114 아우트라인(1)
MK117 프렌치 노트(2)
MK101/213 프렌치 노트(2)
MK104 새틴(2)
MK215 체인(2)
MK115 백(2)
MK200 새틴(2)
MK118 새틴(2)
MK115 아우트라인(1)
MK118 새틴(2)
MK214 레이즈드 리프(1)
MK119 아우트라인(1)
MK107 프렌치 노트(2)
MK212 프렌치 노트(2)
MK102 새틴(2)
MK115 리프(2)
MK103 스트레이트(1)
MK100 블로섬(안1)
MK109 블로섬(밖1)
MK211 프렌치 노트(2)
MK113 프렌치 노트(2)
MK216 불리온(1)
MK118 아우트라인(1)
MK211 프렌치 노트(2)
MK114 아우트라인(1)
MK106 아우트라인(1)
MK119 아우트라인(1)
MK115 아우트라인(1)
MK101 레이즈드 버튼홀(1)
MK211 캐스트온 링(1)
MK213 아우트라인(1)
MK215 프렌치 노트(2)
MK115 새틴(2)
MK120 새틴(2)

MK120 아우트라인(1)
MK120 스트레이트(1)
MK114 아우트라인(1)
MK104 불리온(1)
MK118 새틴(2)
MK115 리프(2)
MK119 아우트라인(1)
MK114 아우트라인(1)
MK212 새틴(2)
MK104 새틴(2)
MK111 체인(2)
MK107 버튼홀(1)
MK212 스트레이트(1)
MK120 새틴(2)
MK114 아우트라인(1)

How
to
make

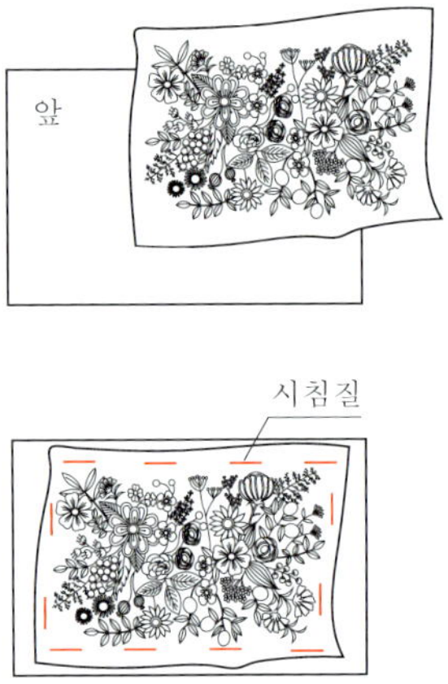

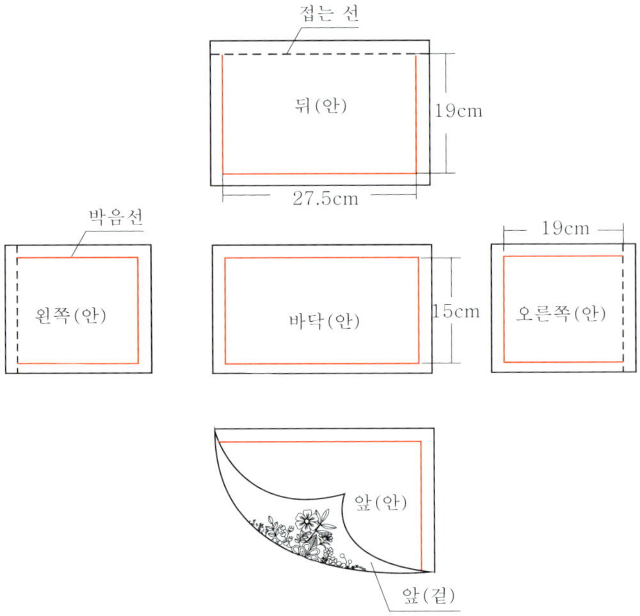

1 수용성 심지에 도안을 옮겨 그린 후 헴프 리넨 위에 심지를 고정하고 시침질합니다.

2 1에 수를 놓아 완성한 후 심지에 분무기로 물을 뿌려 심지를 녹여주세요.

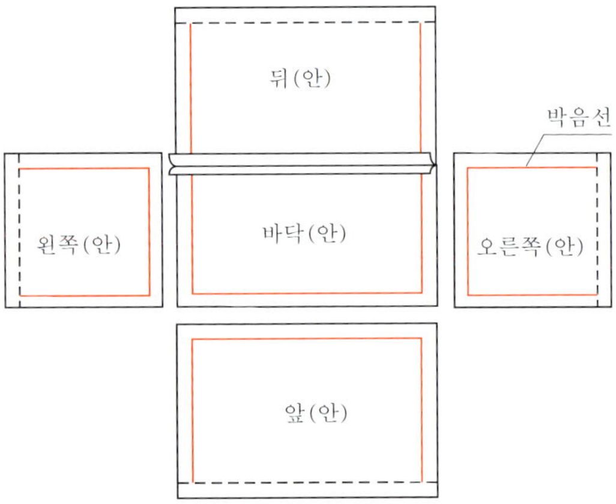

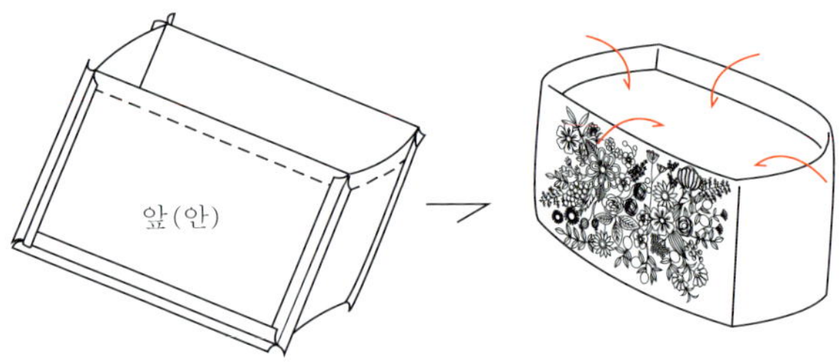

3 각각의 원단 겉면을 마주대고 박음선을 따라 모두 박음질합니다.

4 박음질이 끝난 후 가방을 뒤집어 접는 선을 따라 시접을 안으로 접어 다려주세요.

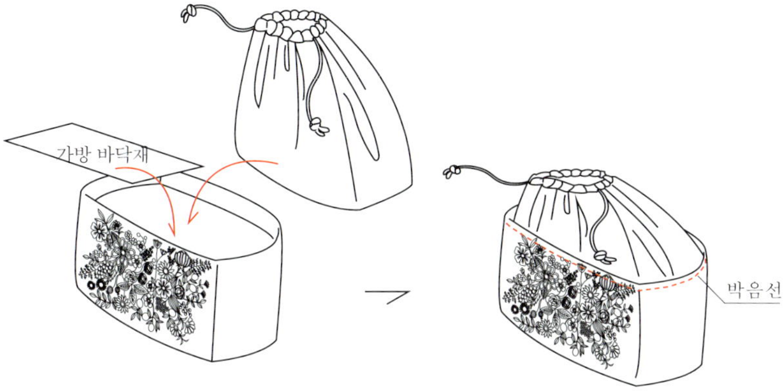

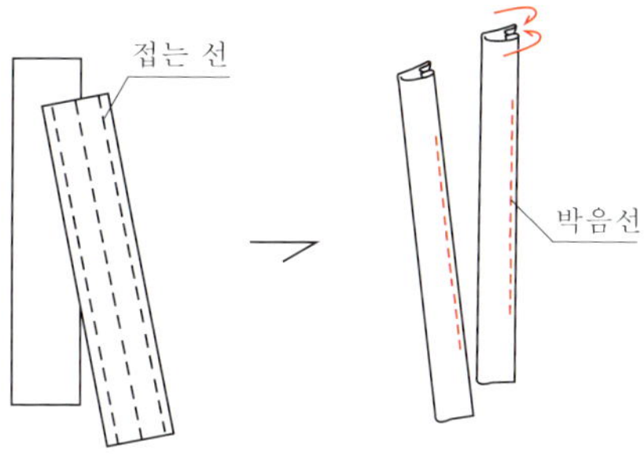

5 가방 바닥 처짐을 방지하기 위해 접착제를 발라 가방 바닥재를 붙여주세요.
6 토트백보다 높이가 있는 안감 주머니백을 가방 안에 넣은 후 옆선과 바닥을 잘 맞춰 토트백과 주머니를 함께 박음질합니다.
7 핸들의 접는 선을 따라 안으로 접어 다림질해주세요.
8 안으로 접는 핸들의 위아래 5cm를 제외하고 열려 있는 옆선을 박음질해주세요.

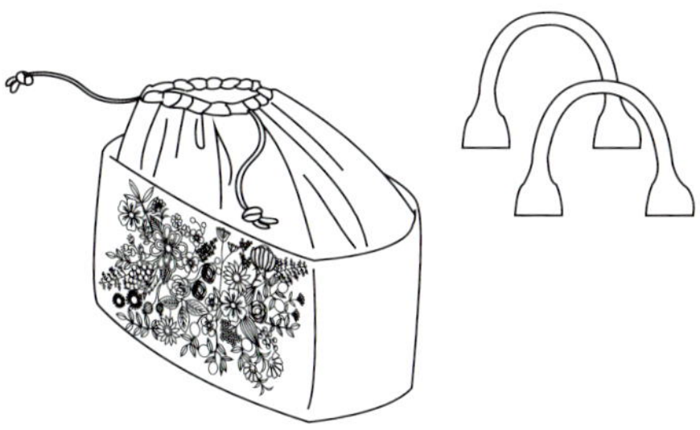

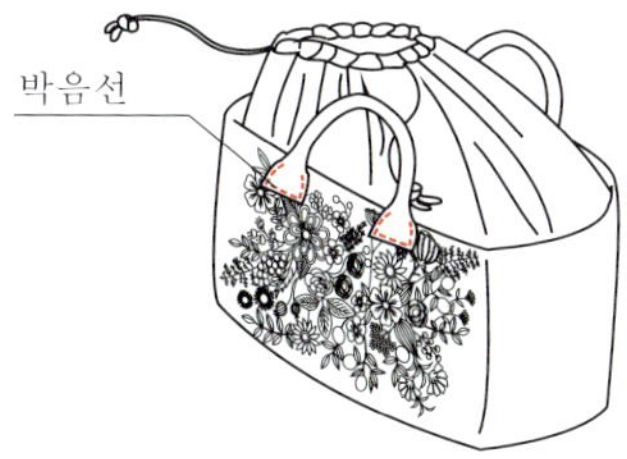

9 핸들의 위아래 박음질 안 된 부분을 펼쳐서 가방 위 적당한 위치에 맞춰 핸들을 고정해주세요.

10 토트백 앞면과 핸들을 함께 박음질하여 완성합니다.

Summer no.5

<<<<<<<<<<<<<<<

딸기 마그넷

Strawberry Magnet

사계절 내내 싱싱한 딸기예요.

중요한 메모는 딸기 마그넷에 맡겨주세요.

- 사이즈 : 스트로베리 마그넷(가로 7.5cm, 세로 5cm), 스마일 딸기 마그넷(가로 4.5cm, 세로 5cm), 딸기콘(가로 4cm, 세로 6.7cm)
- 원단 : 옥스퍼드
- 사용한 기법 : 리프 스티치, 백 스티치, 새틴 스티치, 스트레이트 스티치, 아우트라인 스티치,체인 스티치, 프렌치 노트 스티치
- 재료 : 옥스퍼드 원단, 하드펠트, DMC25번사, 수용성 심지, 원형 자석
- 사용한 실 번호 : 444, 581, 666, 680, 806, 900, 905, 3031, 3705, ECRU

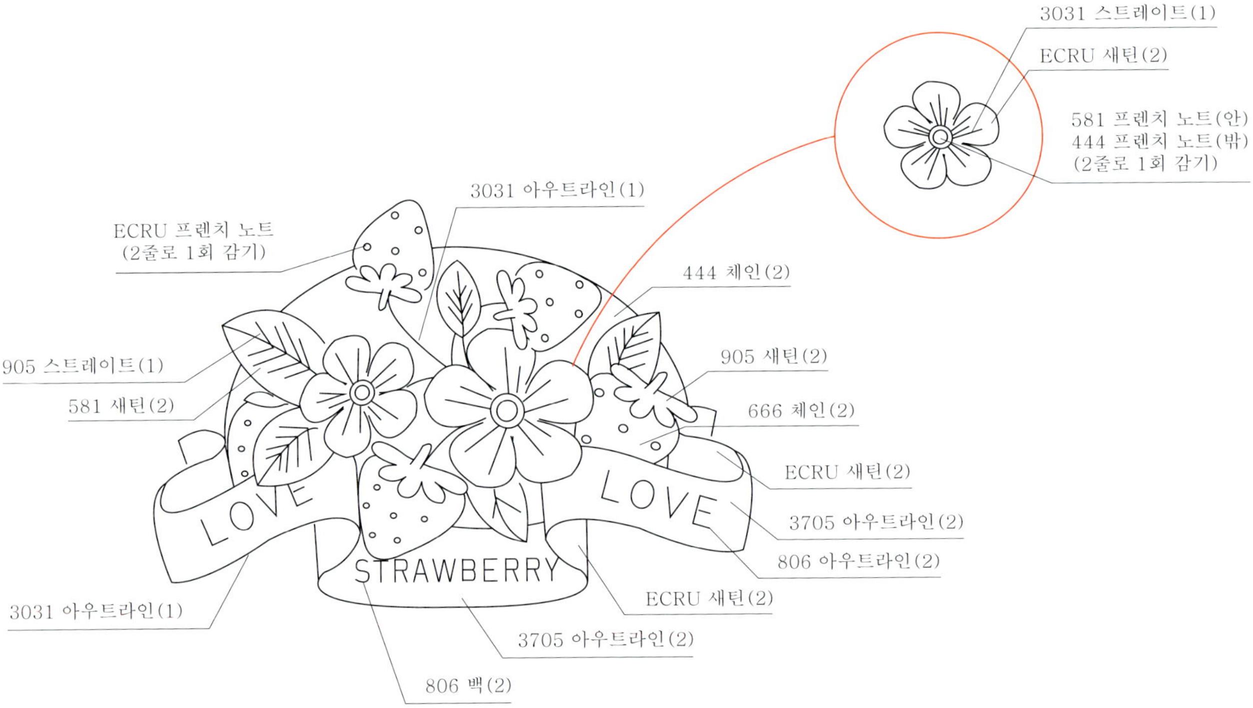
3031 스트레이트(1)
ECRU 새틴(2)
581 프렌치 노트(안)
444 프렌치 노트(밖)
(2줄로 1회 감기)
3031 아웃라인(1)
ECRU 프렌치 노트
(2줄로 1회 감기)
444 체인(2)
905 스트레이트(1)
905 새틴(2)
581 새틴(2)
666 체인(2)
ECRU 새틴(2)
LOVE
LOVE
3705 아웃라인(2)
STRAWBERRY
806 아웃라인(2)
ECRU 새틴(2)
3031 아웃라인(1)
3705 아웃라인(2)
806 백(2)

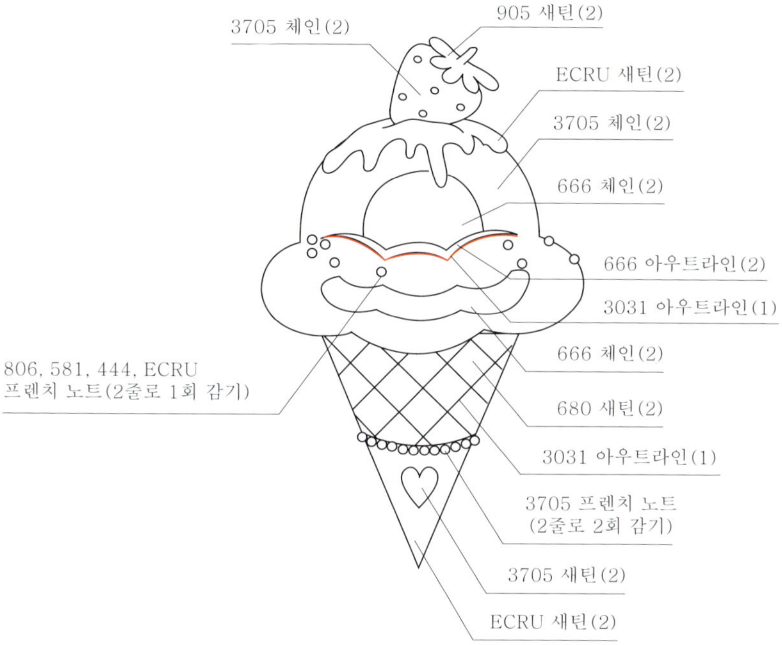
3705 체인(2)
905 새틴(2)
ECRU 새틴(2)
3705 체인(2)
666 체인(2)
666 아우트라인(2)
3031 아우트라인(1)
806, 581, 444, ECRU
프렌치 노트(2줄로 1회 감기)
666 체인(2)
680 새틴(2)
3031 아우트라인(1)
3705 프렌치 노트
(2줄로 2회 감기)
3705 새틴(2)
ECRU 새틴(2)

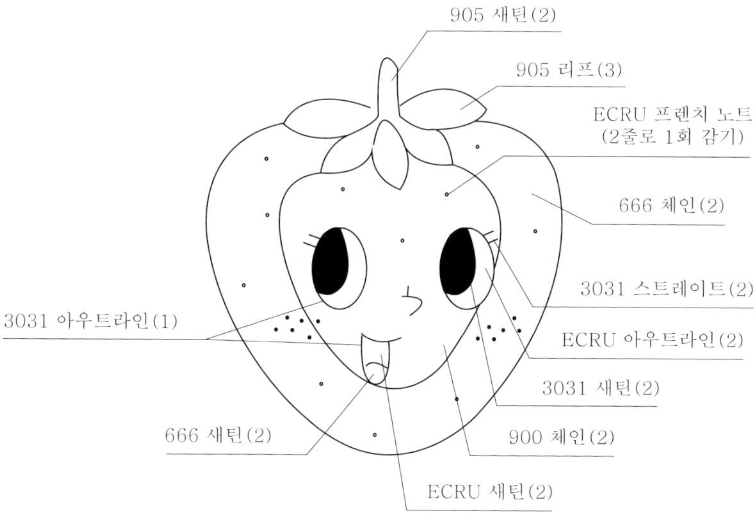
905 새틴(2)
905 리프(3)
ECRU 프렌치 노트
(2줄로 1회 감기)
666 체인(2)
3031 스트레이트(2)
3031 아우트라인(1)
ECRU 아우트라인(2)
3031 새틴(2)
666 새틴(2)
900 체인(2)
ECRU 새틴(2)

How
to
make

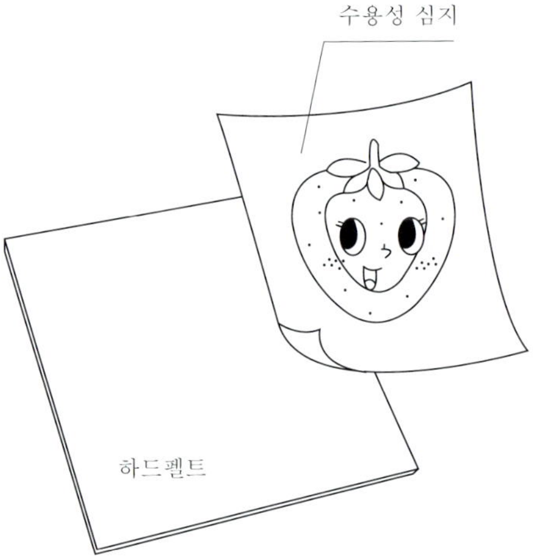

1 하드펠트 위에 도안이 그려진 수용성 심지를 고정해주세요.

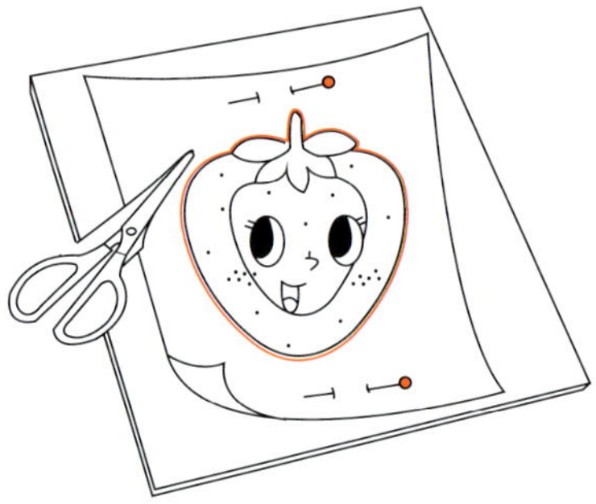

2 도안 테두리를 따라서 펠트와 함께 오려주세요.

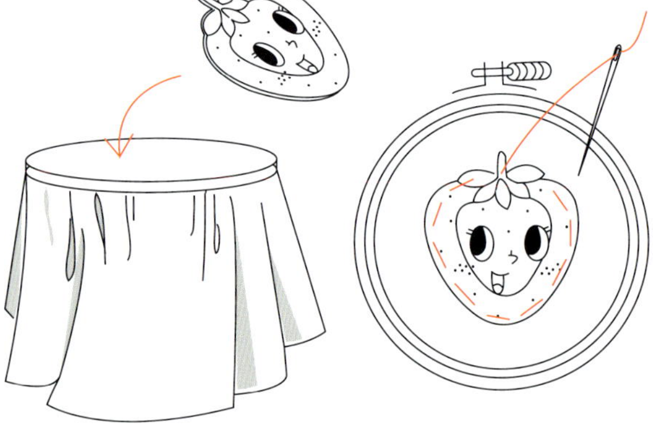

3 수틀에 끼운 원단에 2를 올리고 시침질하여 고정해주세요.

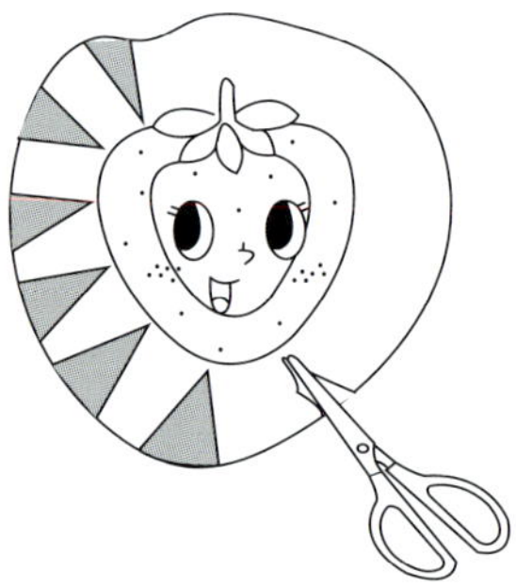

4 자수를 완성한 후 시접 1cm를 남기고 도안 테두리를 따라서 모두 잘라주세요.

5 시접둘레에 촘촘히 가위집을 내주세요.

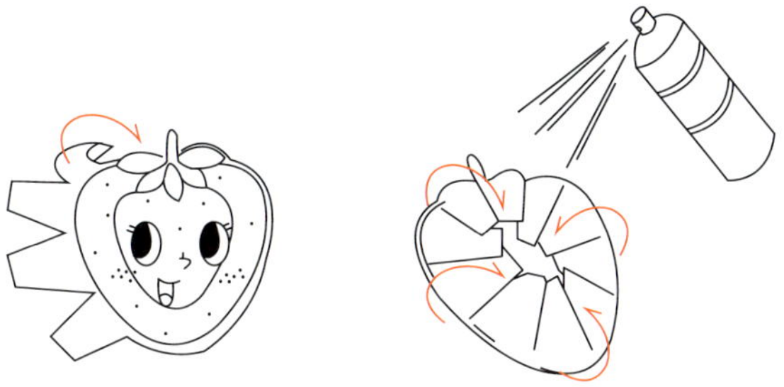

6 가위집을 낸 원단을 뒤로 접어 접착제로 고정한 후 뒷면에 스프레이 접착제를 뿌려주세요.

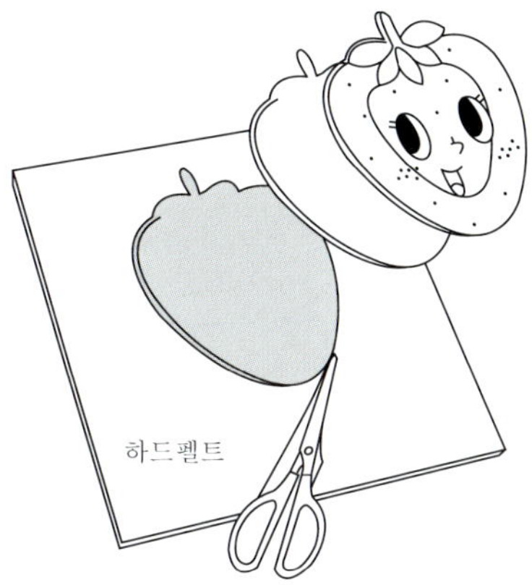

7 6과 같은 크기의 하드펠트를 1장 더 오려서 접착제가 뿌려진 뒷면에 붙여주세요.

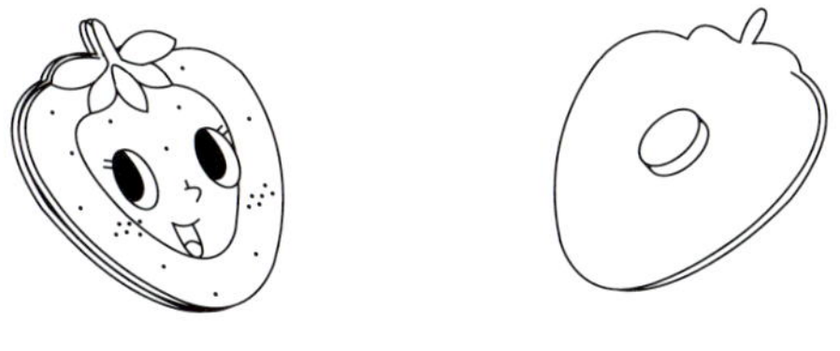

8 뒷면의 펠트에 자석을 붙여 고정합니다.

고양이 핸드 타월

Cat Hand Towel

물 마를 새 없는 주방일이 즐거워질지 몰라요.

고양이 핸드 타월이 항상 준비되어 있으니까요.

- 사이즈 : 고양이(가로 7.5cm, 세로 7.5cm), 소창행주(가로 17cm, 세로 19cm)
- 사용한 기법 : 새틴 스티치, 스트레이트 스티치, 아웃트라인 스티치, 체인 스티치, 프렌치 노트 스티치
- 재료 : 3겹 소창행주, 면 리본, 낚싯줄, DMC25번사
- 사용한 실 번호 : 336, 581, 600, 904, 801, 893, 3031, 3731, 3862, BLANC, ECRU

3731 새틴(2)
3031 새틴(2)
600 새틴(2)
수놓는 방향
893 새틴(2)
3862 체인(2)
600 스트레이트(1)
801 아우트라인(2)
801 아우트라인(2)
581 스트레이트(1)
BLANC 새틴(2)
904 새틴(2)
ECRU 아우트라인(1)
3862 체인(2)
336 아우트라인(1)
801 아우트라인(2)
801 아우트라인(2)
낚싯줄
3862 체인(2)
ECRU 체인(2)
ECRU 체인(2)
801 새틴(2)
3031 아우트라인(테두리1)
3031 프렌치 노트
(1줄로 1회 감기)
3031 아우트라인(2)
Sweet
Pussycat
336 아우트라인(1)

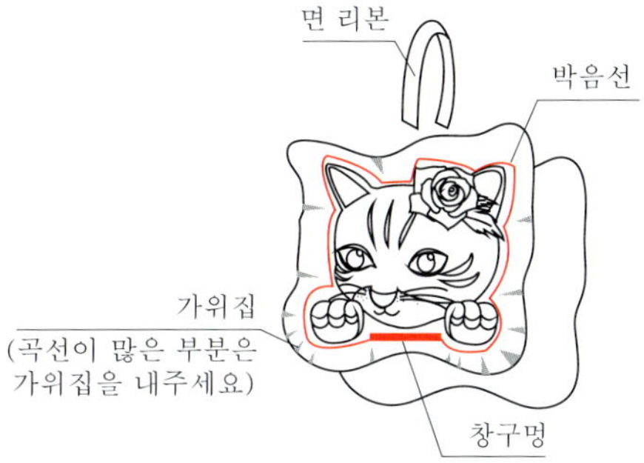

1 고양이 자수를 완성한 후 시접 1cm를 남기고 오려주세요. 같은 크기의 뒷면 원단도 1장 더 오려주세요.

2 수놓인 원단을 뒤집어 뒷면 원단과 맞대고 고양이 테두리를 따라 박음질합니다(창구멍 제외함). 면 리본을 고양이 머리 위 원단 사이에 넣어 함께 박음질해주세요.

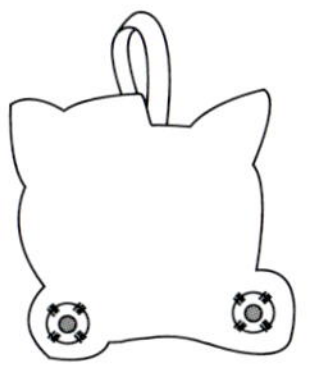

3 창구멍으로 뒤집은 후 안을 솜으로 채우고 창구멍 입구를 공그르기로 마무리합니다.

4 고양이 뒷면 발 위치에 스냅단추를 달아주세요.

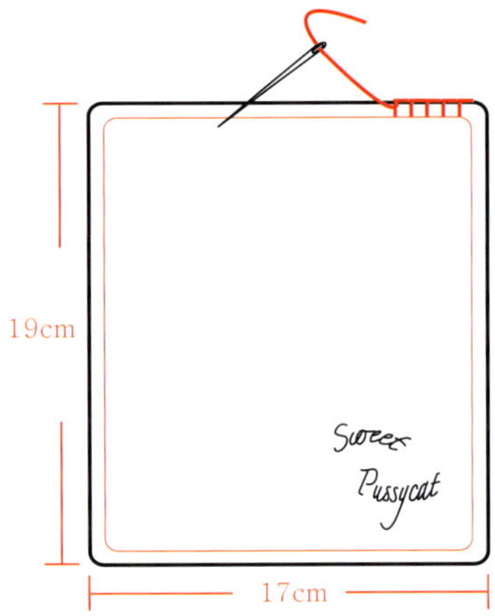

5 3겹 소창행주 테두리를 가로세로 5mm 간격으로 버튼홀 스티치를 3줄 수놓습니다.

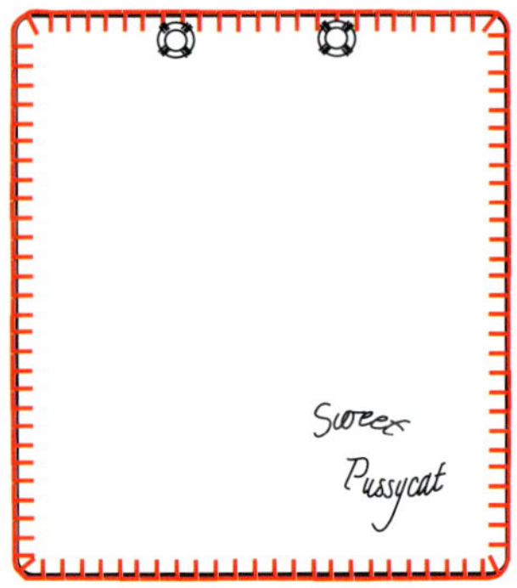

6 고양이 발에 달린 스냅단추A 위치에 맞춰 소창행주 윗면에 스냅단추B를 달아주세요.

7 행주와 고양이에 달린 스냅단추를 서로 연결해주세요.

TIP

곡선이 많은 시접 부분에 가위집을 내어주면 뒤집은 원단의 곡선이 매끄럽습니다.

PART 3

가을

<<<<<<<<<<<<<<<

Autumn

Autumn no.1

앤틱 북마크

Antique Bookmark

감명 깊은 글귀를 발견했을 때, 그때의 두근거림까지 기억하고 싶어요.
앤틱 북마크를 책장 사이에 꽂아보세요.

† 사이즈 : A(가로 5cm, 세로 9cm), B(가로 5cm, 세로 9cm), C(가로 4.5cm, 세로 9cm)

† 원단 : 옥스퍼드

† 사용한 기법 : 롱 앤드 쇼트 스티치, 레이지 데이지 스티치, 리프 스티치, 새틴 스티치, 스트레이트 스티치, 아우트라인 스티치, 프렌치 노트 스티치

† 재료 : 옥스퍼드 원단, 접착 심지, 나일론끈, DMC25번사

† 사용한 실 번호 : 165, 167, 444, 581, 900, 937, 3809,ECRU

A북마크

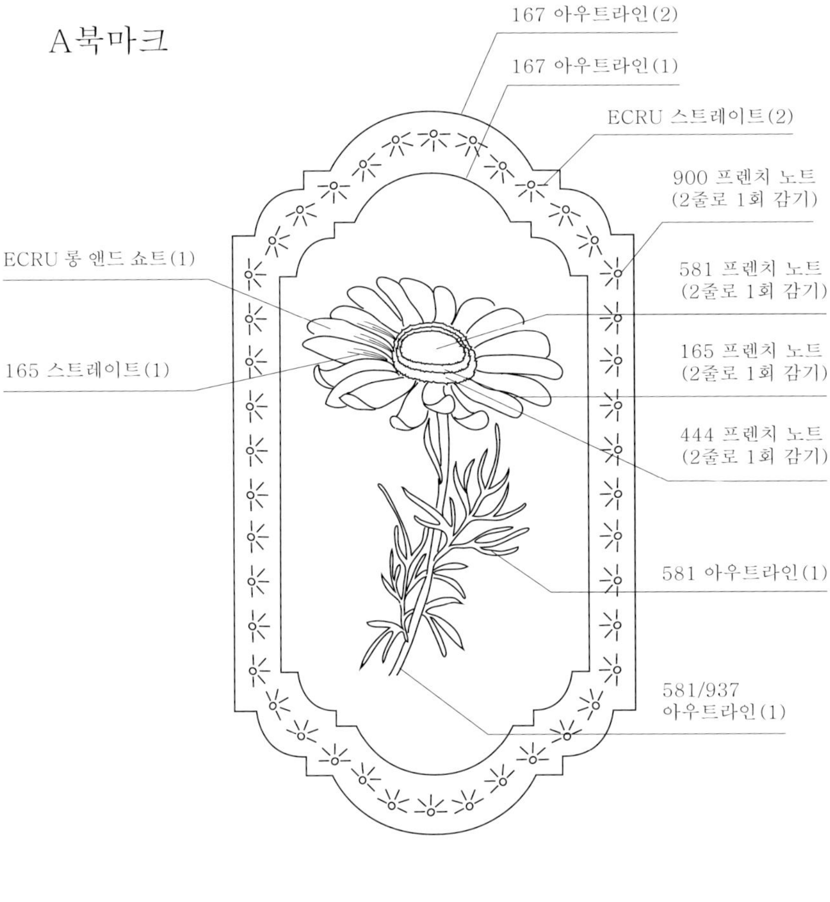
167 아우트라인(2)
167 아우트라인(1)
ECRU 스트레이트(2)
900 프렌치 노트
(2줄로 1회 감기)
ECRU 롱 앤드 쇼트(1)
581 프렌치 노트
(2줄로 1회 감기)
165 스트레이트(1)
165 프렌치 노트
(2줄로 1회 감기)
444 프렌치 노트
(2줄로 1회 감기)
581 아우트라인(1)
581/937
아우트라인(1)

B북마크

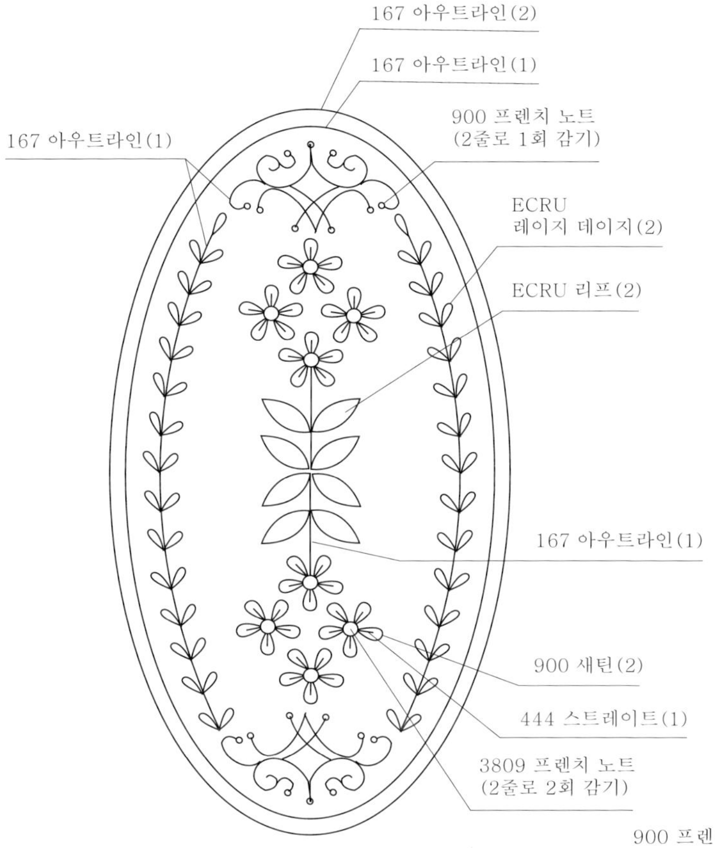
167 아우트라인(2)
167 아우트라인(1)
900 프렌치 노트
(2줄로 1회 감기)
167 아우트라인(1)
ECRU
레이지 데이지(2)
ECRU 리프(2)
167 아우트라인(1)
900 새틴(2)
444 스트레이트(1)
3809 프렌치 노트
(2줄로 2회 감기)

C북마크

ECRU 새틴(2)
3809 프렌치 노트
(2줄로 2회 감기)
167 아우트라인(2)
167 아우트라인(1)
581 새틴(2)
900 프렌치 노트
(2줄로 1회 감기)
444 스트레이트(1)
3809 프렌치 노트
(2줄로 2회 감기)

How to make

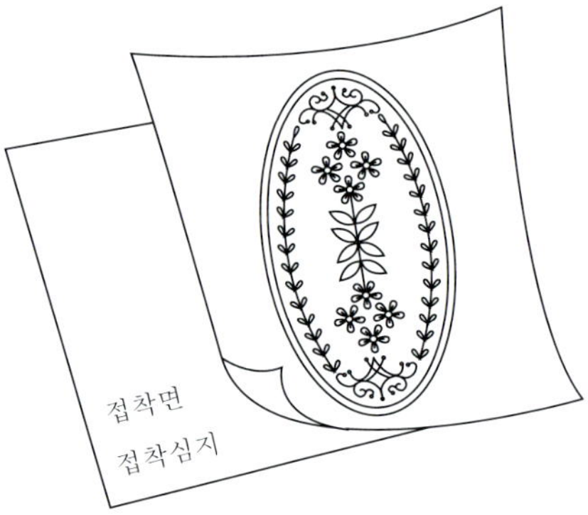

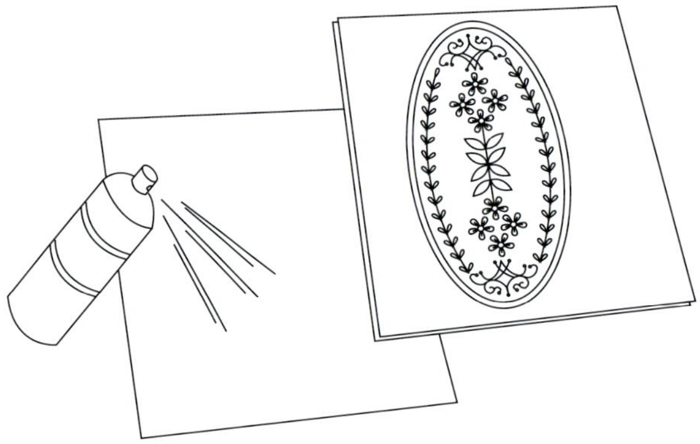

1 완성된 자수원단을 접착 심지에 대고 다리미로 눌러 다려주세요.

2 같은 자수원단 1장을 놓고 스프레이 접착제를 뿌리고 1을 올려 다리미로 눌러 다려주세요.

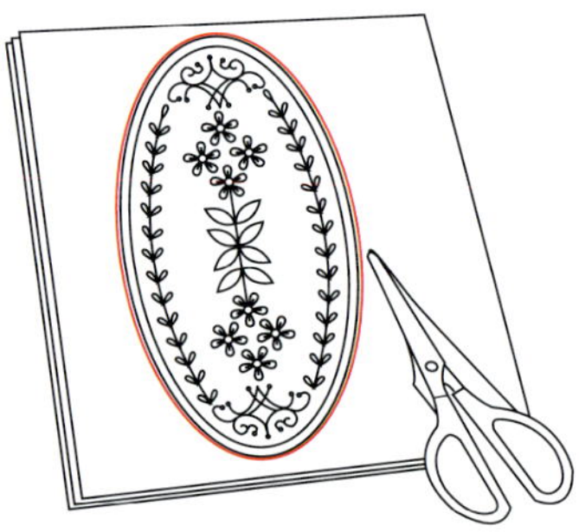

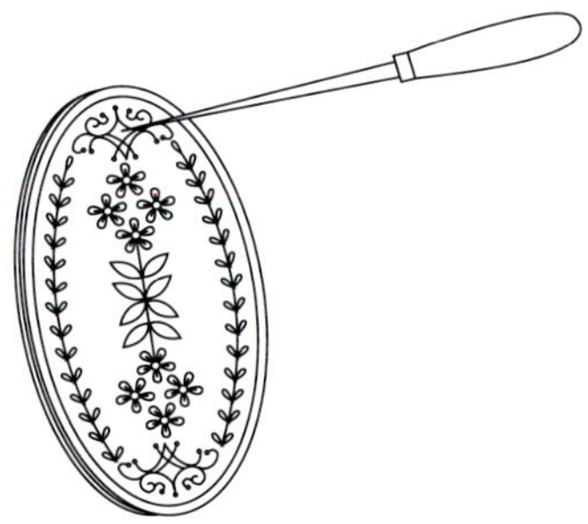

3 원단이 잘 붙었는지 확인한 후 북마크 테두리를 따라 가위로 잘라주세요. 테두리 외곽선이 잘리지 않도록 주의합니다.

4 북마크 상단 중앙에 끈을 달아줄 구멍을 뚫어주세요.

5 얇은 나일론끈을 구멍 사이로 통과시켜 달아주세요.

Autumn no.2

나무 가랜드

Tree Fabric Garland

뿌리 깊은 나무는 바람에 흔들려도 쓰러지지 않아요.
굳건한 삶을 동경하는 마음으로 만든 나무 가랜드예요.

- 사이즈 : 가로 29.7cm , 세로 42cm
- 사용한 기법 : 백 스티치, 아웃트라인 스티치
- 재료 : 내추럴 리넨, 나뭇가지, DMC25번사
- 사용한 실 번호 : 900, 3031

* 나무 테두리 3031 아우트라인 스티치 2줄

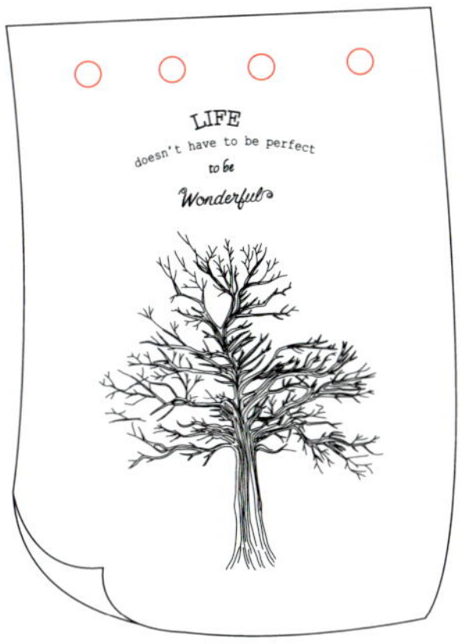

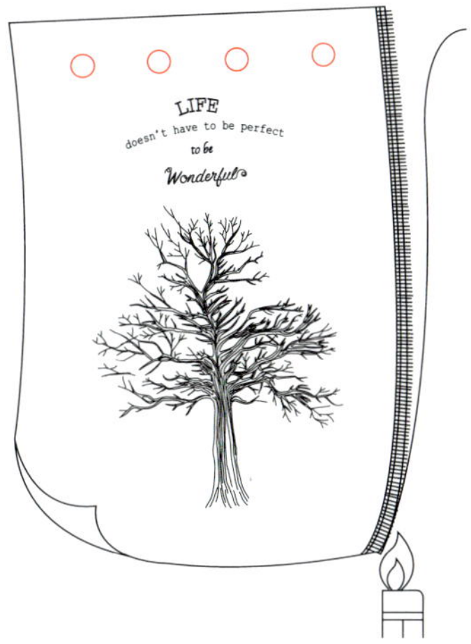

1 수를 완성한 후 위쪽에 구멍 4개를 뚫어주세요. 나뭇가지 봉을 넣을 구멍이에요.

2 잘라낸 원단 테두리에 자연스럽게 몇 가닥 올을 풀어낸 후 라이터로 테두리를 살짝 그을려주세요.

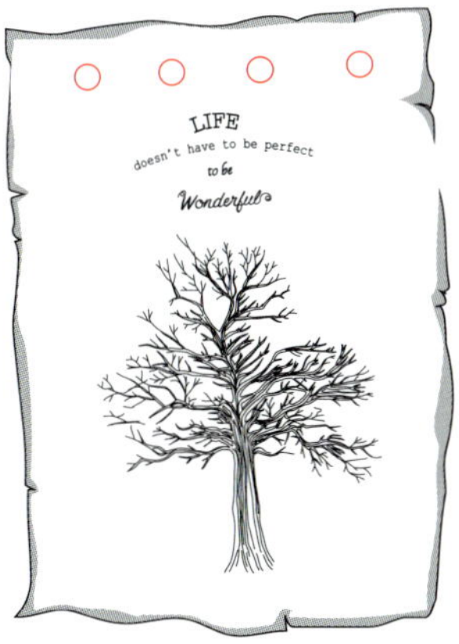

3 준비된 나뭇가지 봉을 구멍에 끼워 장식해주세요.

Autumn no.3

<<<<<<<<<<<<<<<

책 읽는 소녀 쿠션

A Young Girl Reading Book Cushion

한가로운 오후 풀밭에 앉아 책 한 권을 펼쳐놓고 읽어요.

바람에 나뭇잎이 스치는 소리는 최고의 백색소음이에요.

- 사이즈 : 가로 40cm, 세로 40cm
- 원단 : 옥스퍼드
- 사용한 기법 : 롱 앤드 숏트 스티치, 버튼홀 레이스 스티치, 백 스티치, 새틴 스티치, 실론 스티치, 스트레이트 스티치, 아우트라인 스티치, 체인 스티치, 코럴 스티치, 프리 스티치, 휘프트 체인 스티치
- 재료 : 옥스퍼드 원단, DMC25번사, 울혼방사
- 사용한 실 번호 : 18, 725, 760, 801, 895, 906, 937, 3371, 3779, 3832, 3862, ECRU

design

3832 체인(2)
760 체인(2)
3832 휘프트 체인(3)
ECRU(1)
3832 체인(2)
3832 체인(2)
760 체인(2)
760 체인(2)
3832 새틴(1)
801 백(테두리1)
600 새틴(1)
937(밖)895(안)
롱 앤드 쇼트(1)
3832 아우트라인(1)
3832(밖)600(안)
롱 앤드 쇼트(1)
ECRU 아우트라인(1)
ECRU
버튼홀 레이스(2)
3832 스트레이트(2)
801 새틴(1)
3862 체인(2)
937 아우트라인(2)
ECRU 체인(2)
ECRU 새틴(1)
937(밖)895(안)
롱 앤드 쇼트(1)
3832 스트레이트(1)
ECRU
아우트라인(1)
725 아우트라인(2)
3779 새틴(2)
3371 프리(1)
ECRU 실론(2)
ECRU 프리(1)
760 새틴(2)
3862 새틴(2)
18 아우트라인(2)
725 아우트라인(2)
801 새틴(2)
3862 코럴(3)
3371 새틴(2)
937/906
프리(1)
801 새틴(2)
801 백(테두리1)

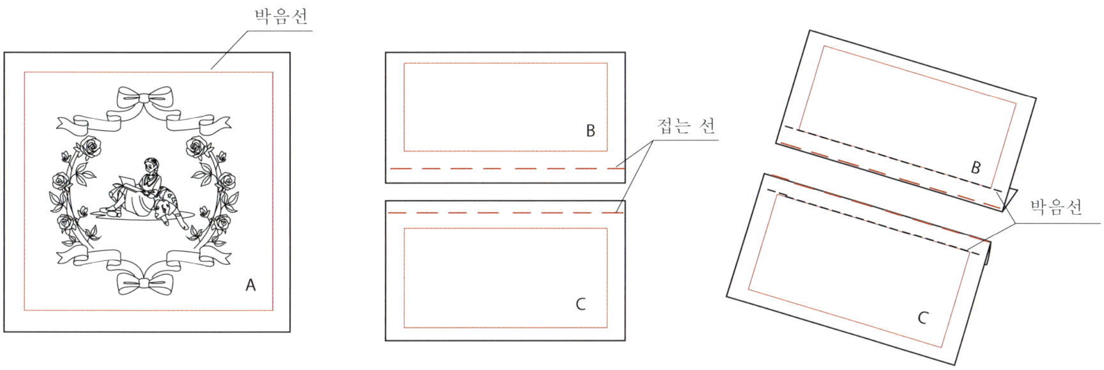

1 B와 C의 접는 선을 따라 시접을 안으로 접어 박음질합니다.

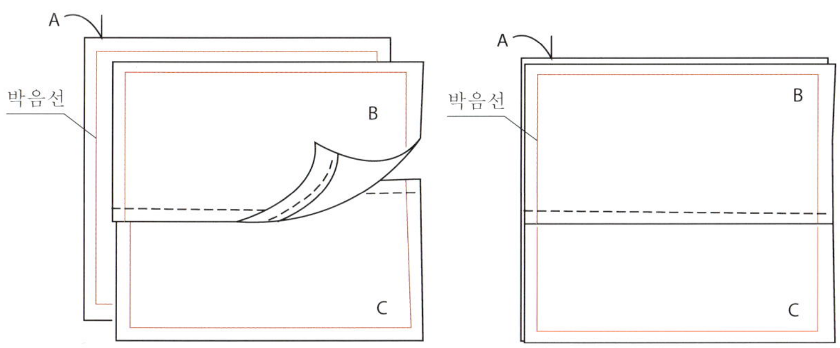

2 A와 1을 맞대어 사방을 박음질합니다.

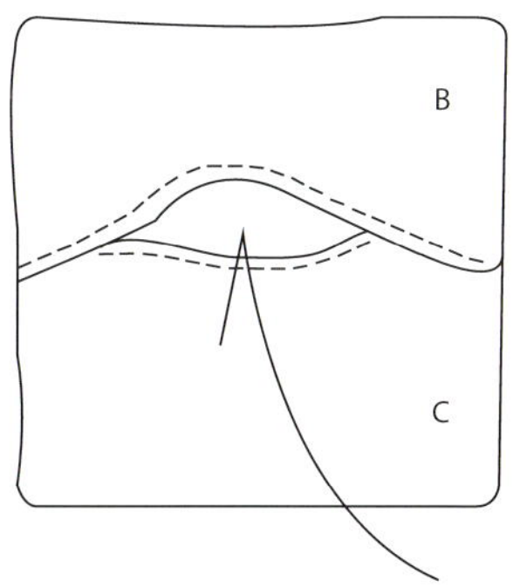

3 뒤집어 가운데 입구로 쿠션을 넣어줍니다.

Autumn no.4

에델바이스 카드 케이스

Edelweiss Card Case

손바닥보다 작은 케이스에 세상에서 가장 높은 풍경을 담아요.
히말라야 알프스를 배경으로 핀 에델바이스예요.

- 사이즈 : 가로 6.6cm, 세로 9.6cm(전체 사이즈 가로 23.5cm, 세로 9.6cm)
- 원단 : 옥스퍼드(겉감), 새틴(안감)
- 사용한 기법 : 백 스티치, 새틴, 아우트라인, 프렌치 노트 스티치, 프리 스티치
- 재료 : 옥스퍼드 원단, 새틴 원단, 접착 심지, DMC25번사
- 사용한 실 번호 : 165, 166, 351, 444, 581, 597, 905, 930, 3371, BLANC

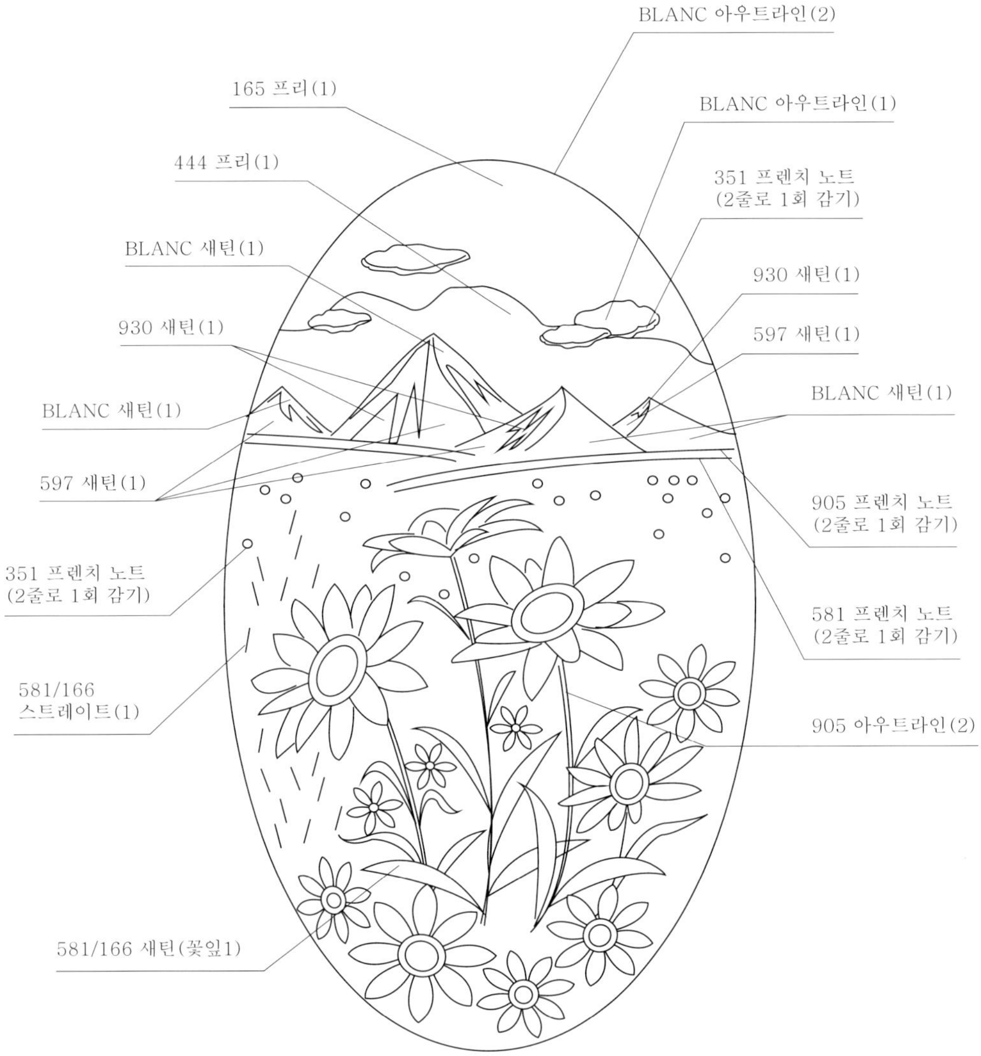
BLANC 아우트라인(2)
165 프리(1)
BLANC 아우트라인(1)
444 프리(1)
351 프렌치 노트
(2줄로 1회 감기)
BLANC 새틴(1)
930 새틴(1)
930 새틴(1)
597 새틴(1)
BLANC 새틴(1)
BLANC 새틴(1)
597 새틴(1)
905 프렌치 노트
(2줄로 1회 감기)
351 프렌치 노트
(2줄로 1회 감기)
581 프렌치 노트
(2줄로 1회 감기)
581/166
스트레이트(1)
905 아우트라인(2)
581/166 새틴(꽃잎1)

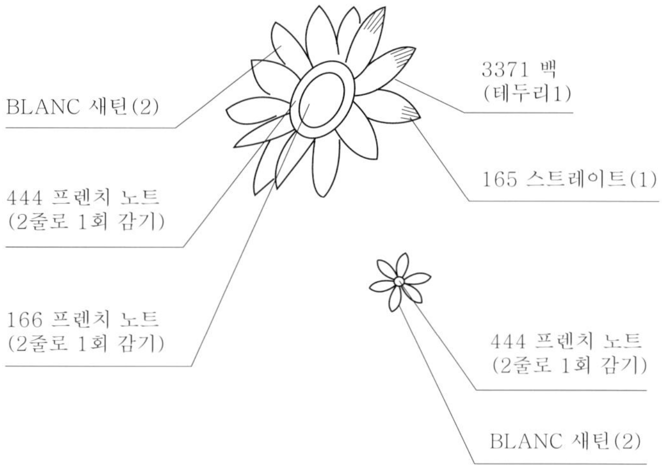
BLANC 새틴(2)
444 프렌치 노트
(2줄로 1회 감기)
166 프렌치 노트
(2줄로 1회 감기)
3371 백
(테두리1)
165 스트레이트(1)
444 프렌치 노트
(2줄로 1회 감기)
BLANC 새틴(2)

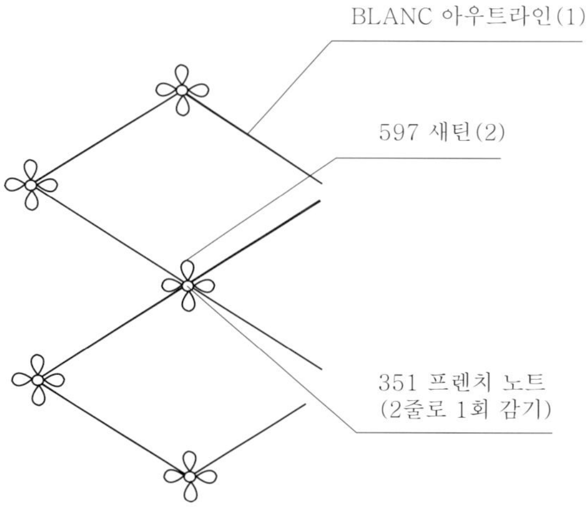
BLANC 아우트라인(1)
597 새틴(2)
351 프렌치 노트
(2줄로 1회 감기)

How
to
make

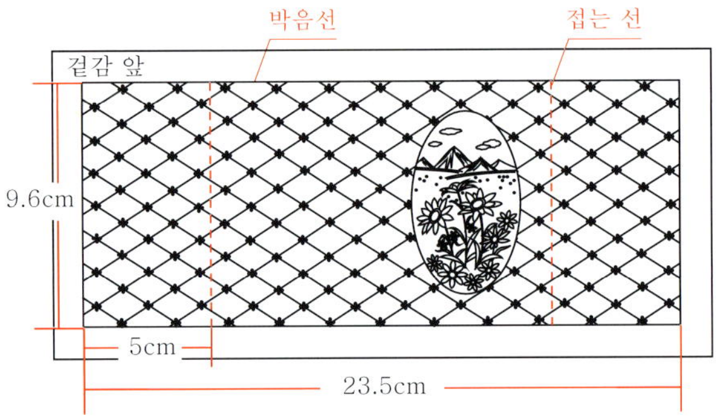

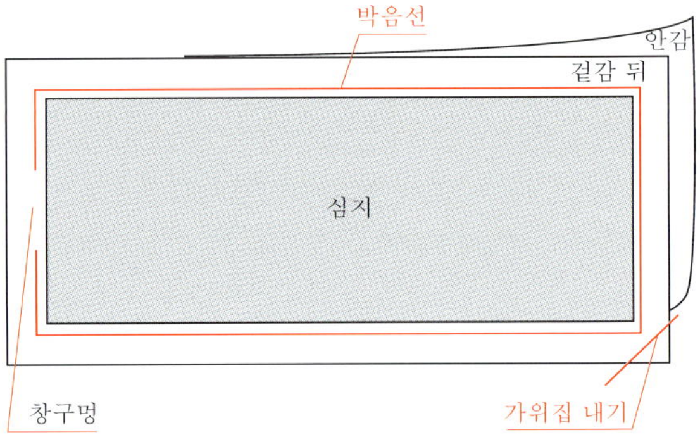

1 수를 놓은 겉감은 시접 1cm를 남기고 재단합니다.

2 겉감 앞면과 안감을 맞대고 박음선을 따라서 박음질합니다(창구멍 제외함).

3 박음선 안으로 접착 심지를 올려놓고 다림질로 고정해주세요.

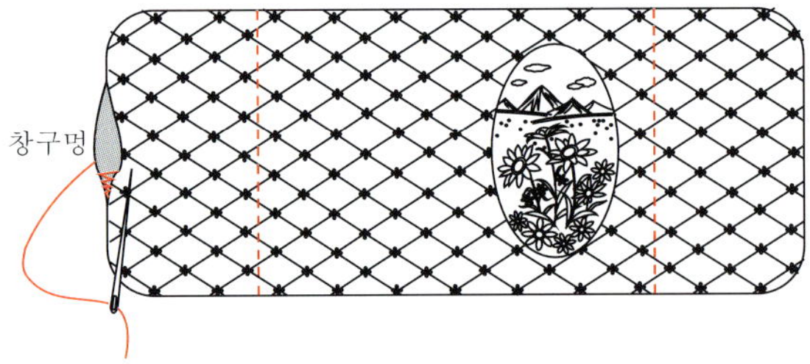

4 창구멍을 통해 뒤집어 다려준 후 창구멍을 공그르기합니다.

5 모서리 부분을 잘 빼내어 다림질하고 양쪽 접는 선을 따라 접어준 후 다시 한 번 눌러 다림질합니다.

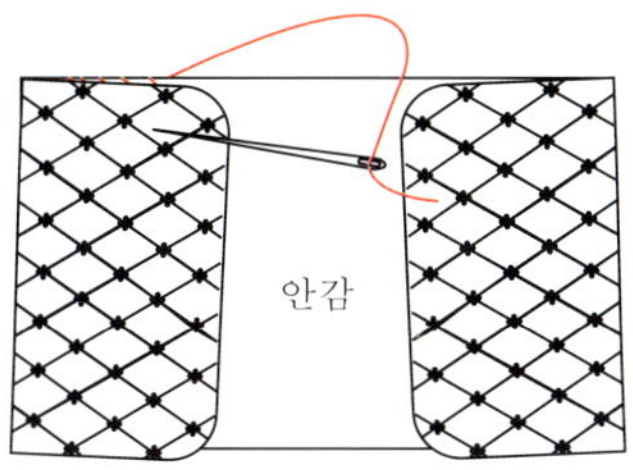

6 접힌 위아래 모두 공그르기로 마무리합니다.

7 공그르기 마감 후 반을 접어 다림질하여 눌러주세요.

Autumn no.5

<<<<<<<<<<<<<<<

수틀 액자

Embroidery Frame

잊고 싶지 않은 순간을 담은 사진을 수틀 액자에 담아요.
가까운 곳에 두고 그날의 설렘을 기억해보세요.

✝ 사이즈 : 지름 21cm, 지름13cm

✝ 원단 : 내추럴 리넨

✝ 사용한 기법 : 레이지 데이지 스티치, 새틴 스티치, 스트레이트 스티치, 아우트라인 스티치, 체인 스티치, 프렌치 노트 스티치

✝ 재료 : 내추럴 리넨 원단, 액자용수틀, DMC25번사

✝ 사용한 실 번호 : 580, 900, 3799

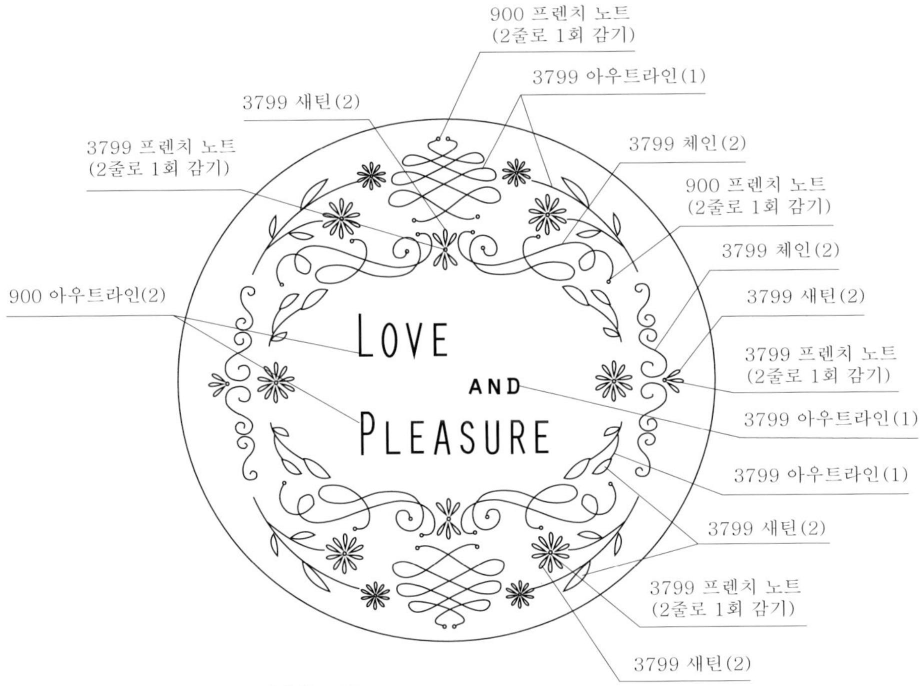
900 프렌치 노트
(2줄로 1회 감기)
3799 아우트라인(1)
3799 새틴(2)
3799 프렌치 노트
(2줄로 1회 감기)
3799 체인(2)
900 프렌치 노트
(2줄로 1회 감기)
3799 체인(2)
3799 새틴(2)
900 아우트라인(2)
LOVE
AND
PLEASURE
3799 프렌치 노트
(2줄로 1회 감기)
3799 아우트라인(1)
3799 아우트라인(1)
3799 새틴(2)
3799 프렌치 노트
(2줄로 1회 감기)
3799 새틴(2)

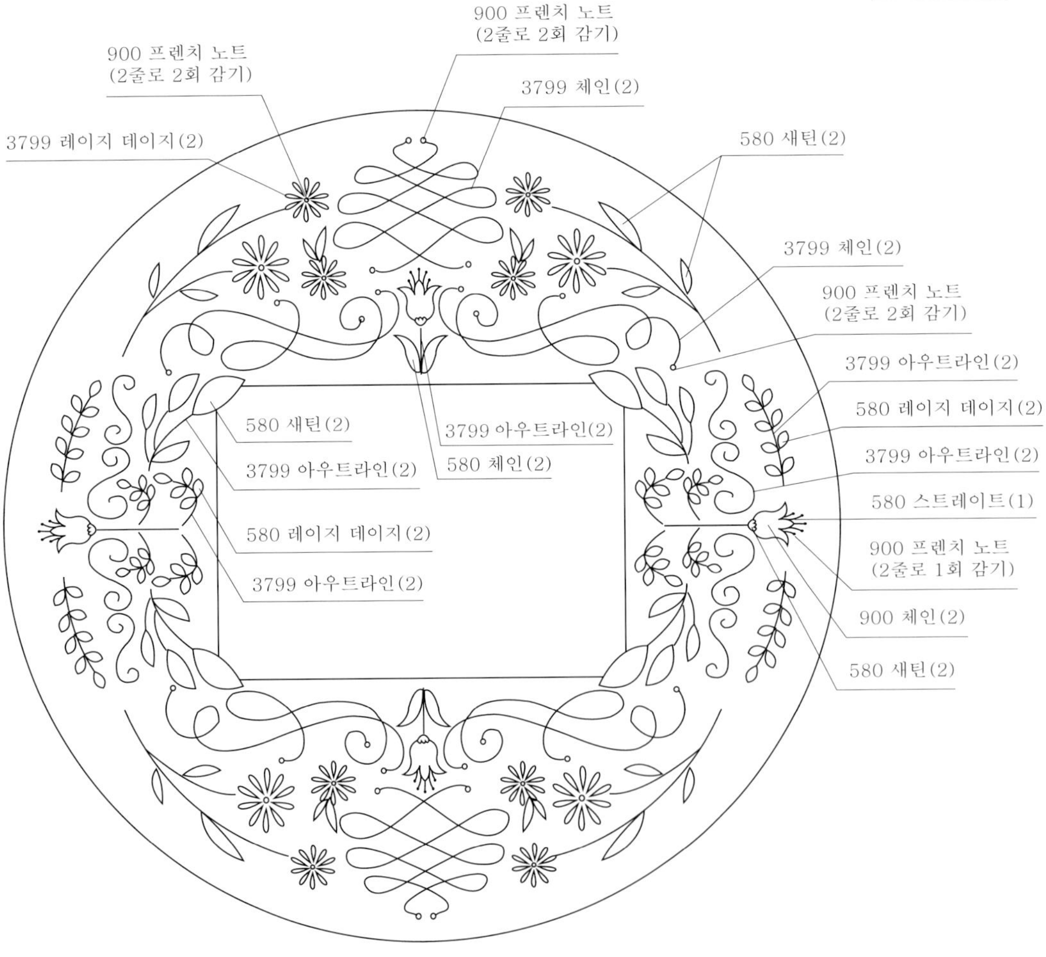
900 프렌치 노트
(2줄로 2회 감기)
900 프렌치 노트
(2줄로 2회 감기)
3799 체인(2)
3799 레이지 데이지(2)
580 새틴(2)
3799 체인(2)
900 프렌치 노트
(2줄로 2회 감기)
3799 아우트라인(2)
580 레이지 데이지(2)
580 새틴(2)
3799 아우트라인(2)
3799 아우트라인(2)
580 체인(2)
580 스트레이트(1)
580 레이지 데이지(2)
900 프렌치 노트
(2줄로 1회 감기)
3799 아우트라인(2)
900 체인(2)
580 새틴(2)

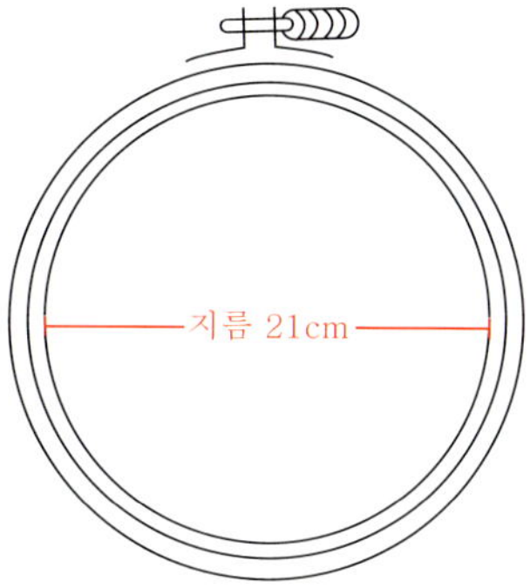

1 수가 놓인 원단을 지름 21cm의 수틀에 끼워주세요. 원단 테두리에 수틀을 맞춰주세요.

2 원단에 구김이 없도록 팽팽하게 당겨 수틀 나사를 감아 고정합니다.

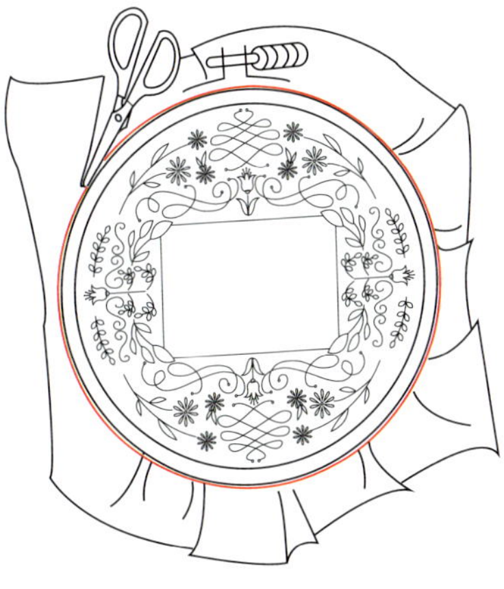

3 나무 수틀 테두리를 따라 원단 둘레를 가위로 잘라 냅니다.

Autumn no.6

<<<<<<<<<<<<<<<<

플라워 루프 소잉 케이스

Flowers Roof Sewing Case

작은 창문 안에는 바늘꽂이가 있고, 지붕 위에는 핀쿠션 고양이가 있어요.

구석구석 재미있는 2층집 소잉 케이스에요.

† 사이즈 : 가로 17cm, 세로 20cm(소잉 파우치)

† 원단 : 옥스퍼드

† 사용한 기법 : 러닝 스티치, 리프 스티치, 백 스티치, 새틴 스티치, 스미르나 스티치, 스트레이트 스티치, 아우트라인 스티치, 체인 스티치, 캐스트온 링 스티치, 프렌치 노트 스티치, 휘프드 체인 스티치

† 재료 : 소잉 파우치, 옥스퍼드 원단, 지퍼(15cm), 솜, DMC25번사, 가죽핸들

† 사용한 실 번호 : 165, 666, 869, 904, 907, 3031, 3371, 3731, 3760, 3809, BLANC

* 소잉 파우치는 마마케이 스마트스토어에서 패키지 또는 단품으로 구매할 수 있습니다.

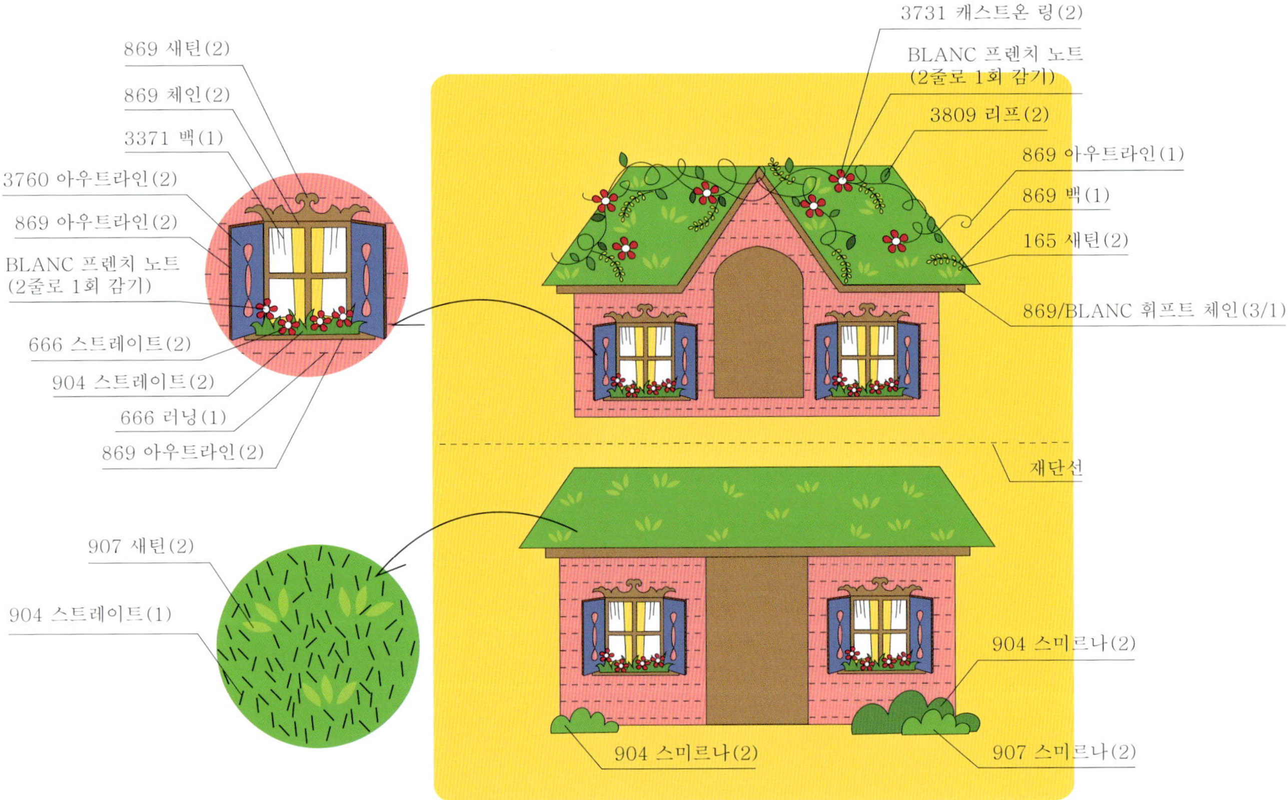

869 새틴(2)
869 체인(2)
3371 백(1)
3760 아우트라인(2)
869 아우트라인(2)
BLANC 프렌치 노트
(2줄로 1회 감기)
666 스트레이트(2)
904 스트레이트(2)
666 러닝(1)
869 아우트라인(2)
907 새틴(2)
904 스트레이트(1)
3731 캐스트온 링(2)
BLANC 프렌치 노트
(2줄로 1회 감기)
3809 리프(2)
869 아우트라인(1)
869 백(1)
165 새틴(2)
869/BLANC 휘프트 체인(3/1)
재단선
904 스미르나(2)
904 스미르나(2)
907 스미르나(2)

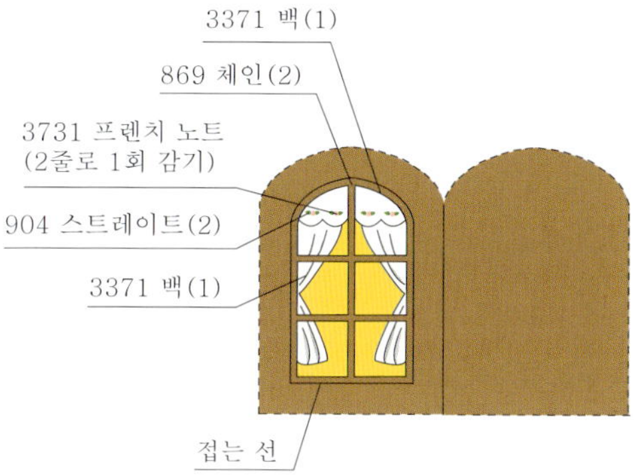

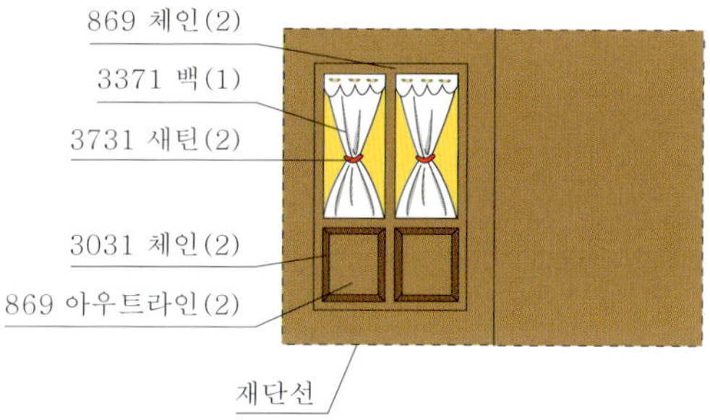

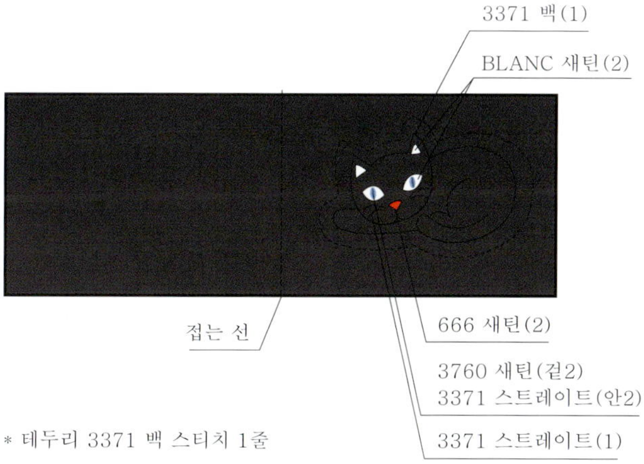

* 테두리 3371 백 스티치 1줄

How
to
make

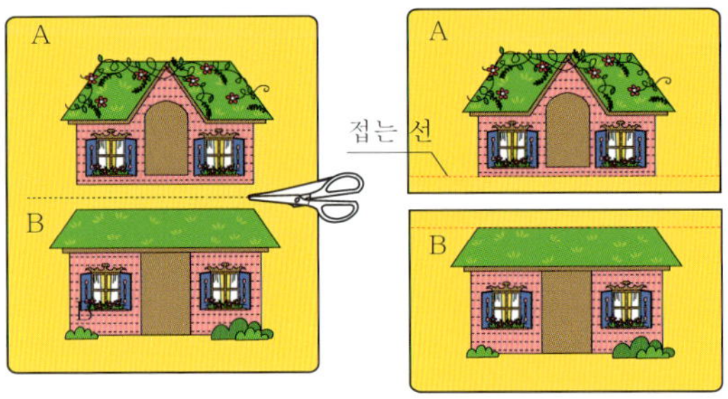

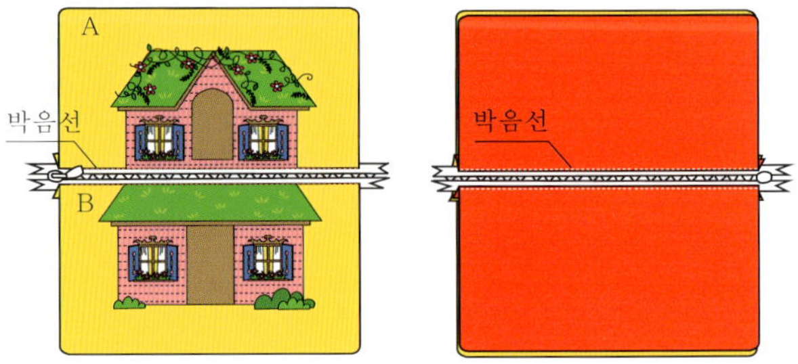

1 인쇄된 하우스 원단을 중앙 점선대로 가위질하여 자릅니다. A와 B 원단의 접는 선을 따라 안으로 시접을 접어 다려주세요.

2 접은 원단을 지퍼 위에 올리고 촘촘히 박음질합니다.

3 원단을 뒤집어고 그 위에 안감을 올리고 박음질해주세요.

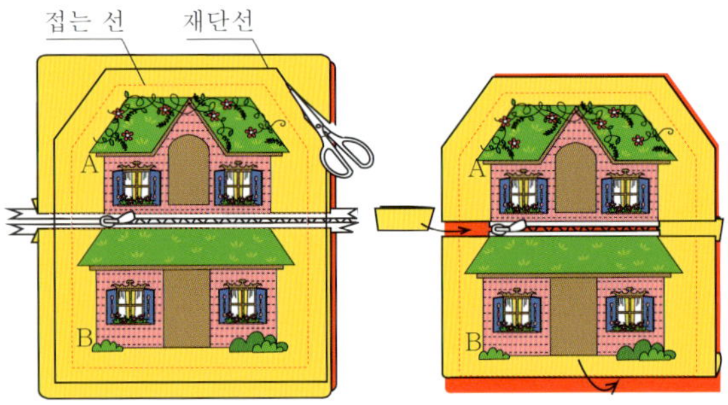

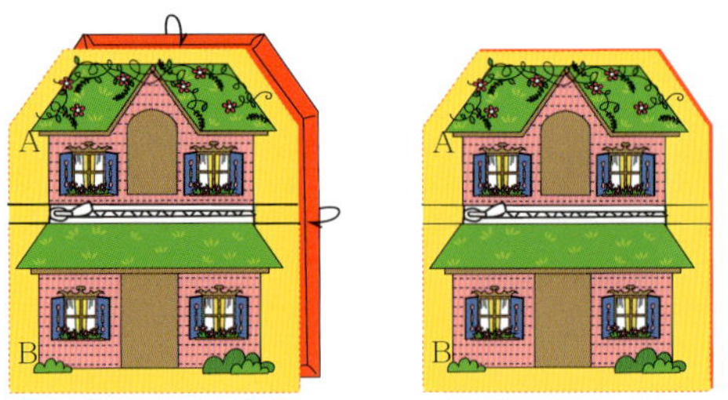

4 접는 선 시접 1.5cm를 표시한 후 그 위에 시접 2cm를 남기고 집 모양대로 겉감과 안감을 잘라주세요.

5 안감과 겉감을 모두 안으로 접은 후 모서리를 맞춰 함께 다려주세요.

6 마주대고 있는 안감과 겉감을 함께 공그르기합니다.

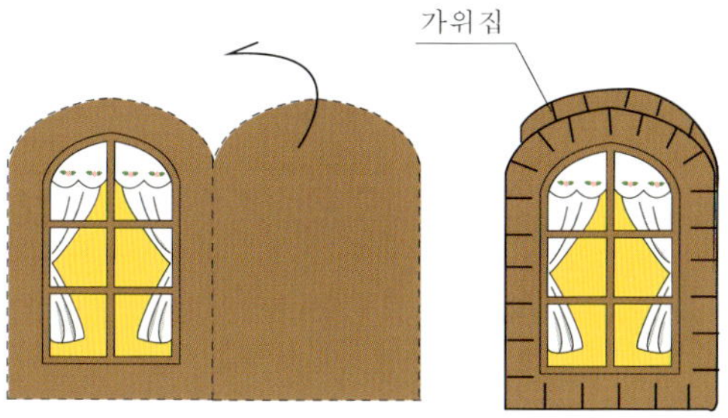

7 창문 원단을 반으로 접어 가위집을 내주세요.

8 7의 시접을 안으로 접어 앞뒤 원단을 함께 감침질합니다.

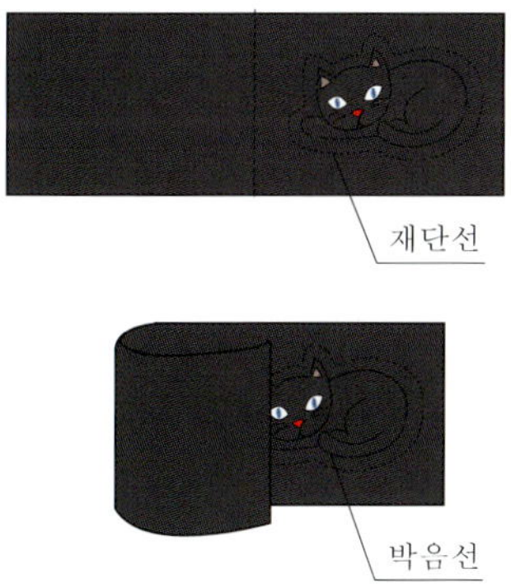

9 고양이 원단을 겹쳐 박음선을 따라 촘촘히 바느질합니다 (창구멍 제외함).

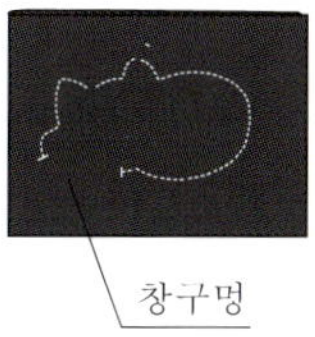

10 시접을 0.5cm 남기고 재단 후 창구멍을 통해 뒤집어주세요. 이때 고양이 시접에 촘촘히 가위집을 내고 뒤집어야 고양이 모양이 자연스러워요.

11 고양이 창구멍 안으로 솜을 넣고 창구멍을 감침질로 마무리합니다.

12 A와 B의 창문 위치에 펠트를 오려 붙여주세요. 원단에 펠트를 대고 감침질합니다.

13 12에 완성된 문을 감침질로 달아주세요(왼쪽 면만 감침질함). 11의 고양이도 지붕 위에 고정시켜주세요.

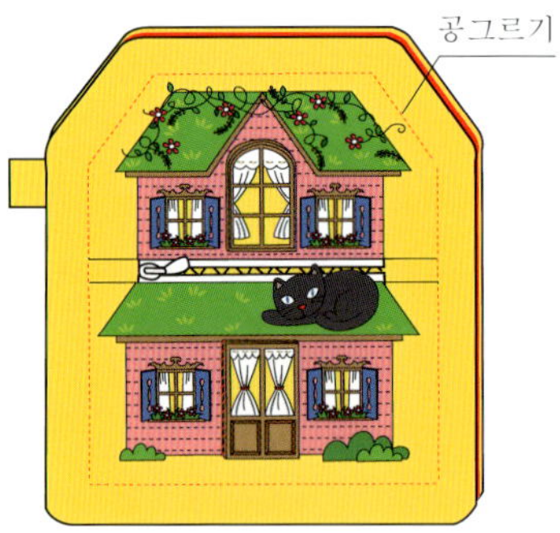

14 소잉 파우치 중간에 하우스 주머니를 고정한 후 파우치 겉면과 함께 공그르기로 마무리합니다.

PART 4

겨울

<<<<<<<<<<<<<<<<

Winter

크리스마스 오너먼트

Christmas Ornament

크리스마스 트리에 장식한 전구에 불이 들어오는 순간 박수를 쳤어요.
어른이 되어서도 크리스마스 전구 불빛을 보면 여전히 설레요.

‡ 사이즈 : A(가로 8cm, 세로 8cm), B(가로 7cm, 세로 7cm), C(가로 7cm, 세로 8cm), D(가로 8cm, 세로 8cm), E(가로 8cm, 세로 8cm)

‡ 원단 : 리넨(앞), 옥스퍼드(뒤)

‡ 사용한 기법 : 레이지 데이지 스티치, 백 스티치, 새틴 스티치, 스트레이트 스티치, 아우트라인 스티치, 프렌치 노트 스티치, 휘프트 체인 스티치

‡ 재료 : 리넨 원단, 옥스퍼드 원단, 나이론끈, DMC25번사, 솜

‡ 사용한 실 번호 : 445, 562, 666, 956, 957, 3755, 3862, ECRU

* 오너먼트 테두리는 모두 휘프트 체인 스티치로 장식합니다[445(2가닥), 666(1가닥) 사용함].

A

B

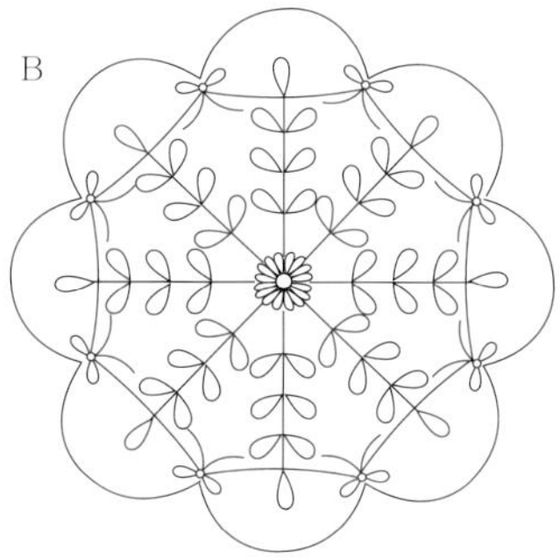

C

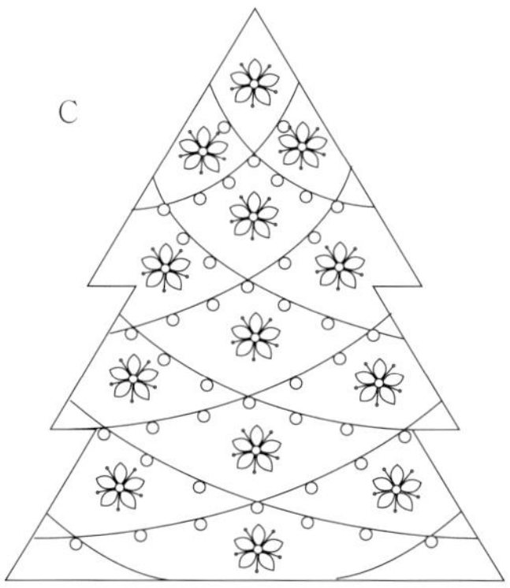

D

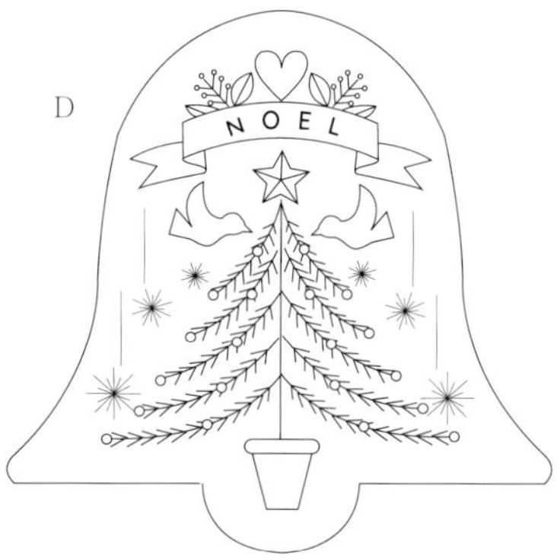

E

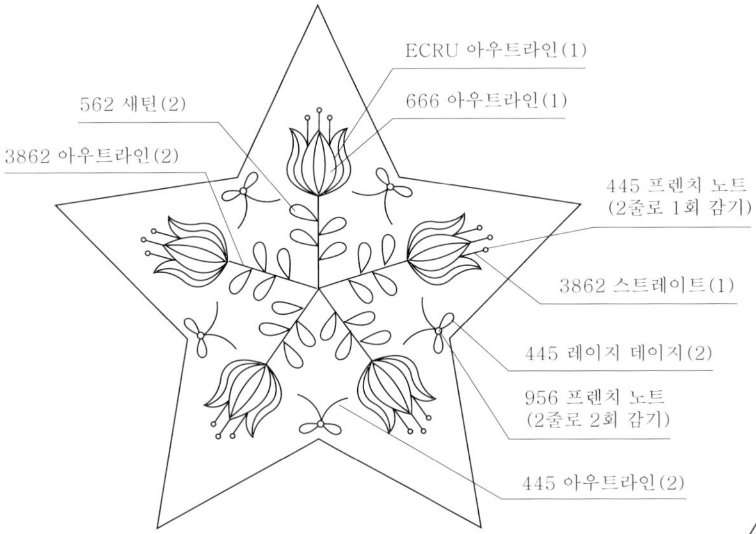
ECRU 아우트라인(1)
562 새틴(2)
666 아우트라인(1)
3862 아우트라인(2)
445 프렌치 노트
(2줄로 1회 감기)
3862 스트레이트(1)
445 레이지 데이지(2)
956 프렌치 노트
(2줄로 2회 감기)
445 아우트라인(2)

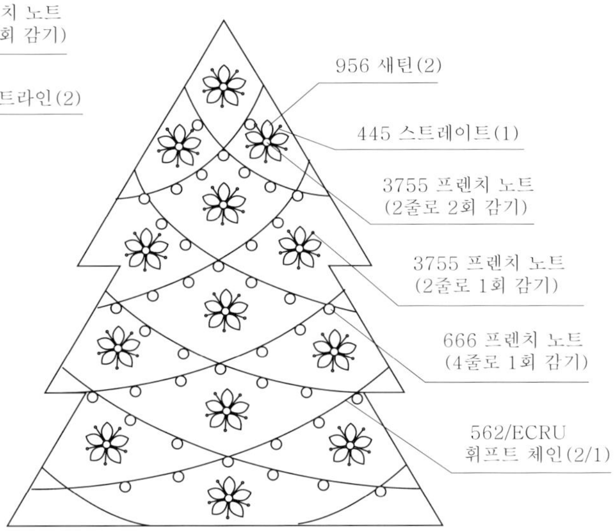
956 새틴(2)
445 스트레이트(1)
3755 프렌치 노트
(2줄로 2회 감기)
3755 프렌치 노트
(2줄로 1회 감기)
666 프렌치 노트
(4줄로 1회 감기)
562/ECRU
휘프트 체인(2/1)

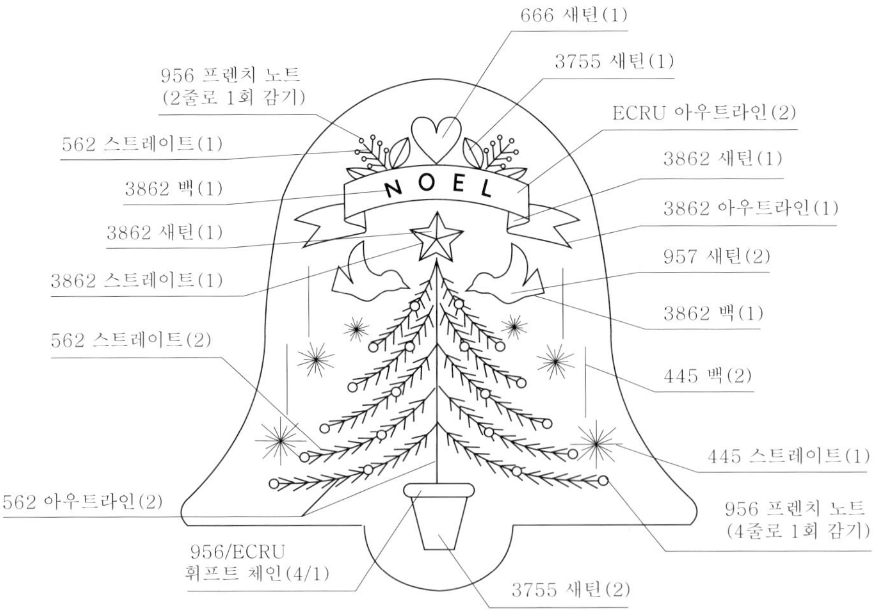
666 새틴(1)
3755 새틴(1)
956 프렌치 노트
(2줄로 1회 감기)
ECRU 아우트라인(2)
562 스트레이트(1)
3862 새틴(1)
NOEL
3862 백(1)
3862 아우트라인(1)
3862 새틴(1)
957 새틴(2)
3862 스트레이트(1)
3862 백(1)
562 스트레이트(2)
445 백(2)
445 스트레이트(1)
562 아우트라인(2)
956 프렌치 노트
(4줄로 1회 감기)
956/ECRU
휘프트 체인(4/1)
3755 새틴(2)

562,956 휘프트 체인
(562 2줄로 체인 후
956 1줄로 감기)
445 레이지 데이지(2)
666 프렌치 노트
(2줄로 2회 감기)
562 아우트라인(2)
562 레이지 데이지(2)
956 새틴(2)
445 레이지 데이지(2)
666 프렌치 노트
(2줄로 2회 감기)
445 아우트라인(2)

ECRU 아우트라인(1)
ECRU 프렌치 노트
(2줄로 1회 감기)
562 아우트라인(1)
666 새틴(1)
3862 아우트라인(2)
3862 아우트라인(1)
ECRU 프렌치 노트
(2줄로 1회 감기)
445/666
휘프트 체인(2/1)

How to make

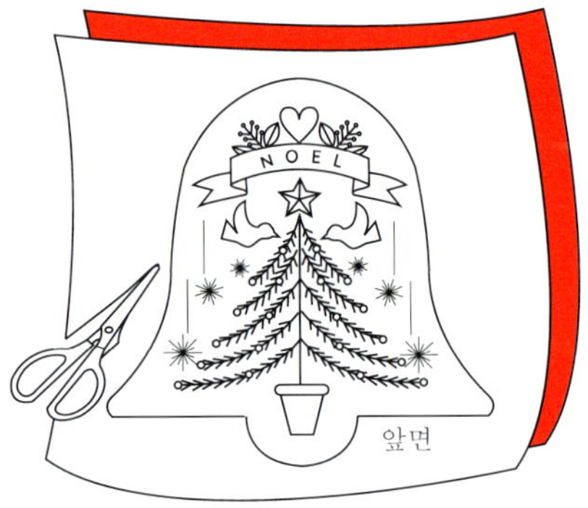

1 수놓인 앞면과 컬러 원단 뒷면을 마주대고 시접 1cm를 남기고 잘라주세요.

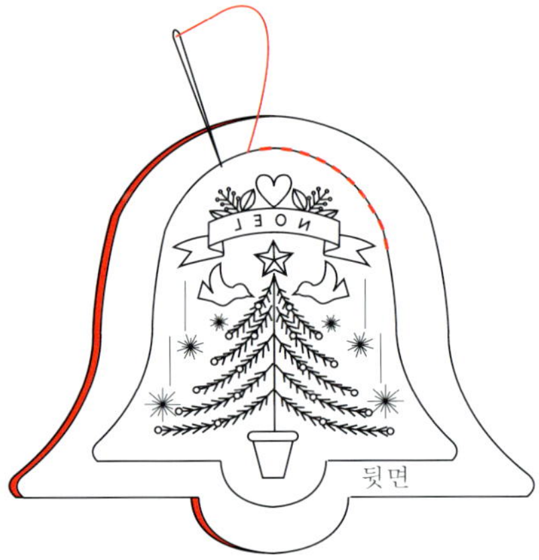

2 앞면을 뒤집어 컬러원단과 함께 도안 테두리를 따라 촘촘히 박음질합니다.

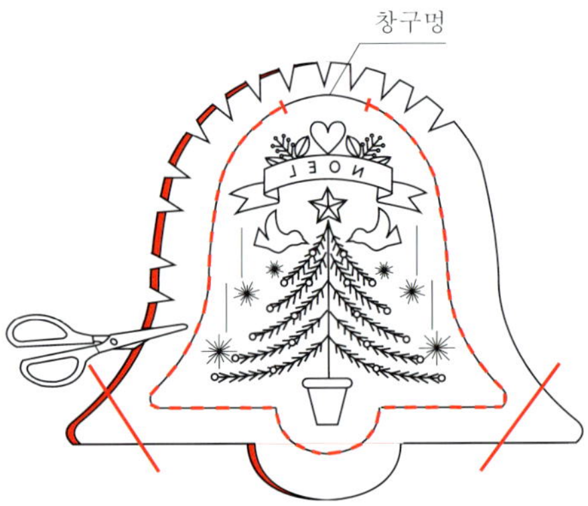

3 위에 창구멍을 남겨두고 박음질 한 후 양옆모서리를 가위로 잘라내고 시접에 가위집을 내주세요.

4 창구멍을 통해 뒤집은 후 그 안에 솜을 넣어 채워주세요.

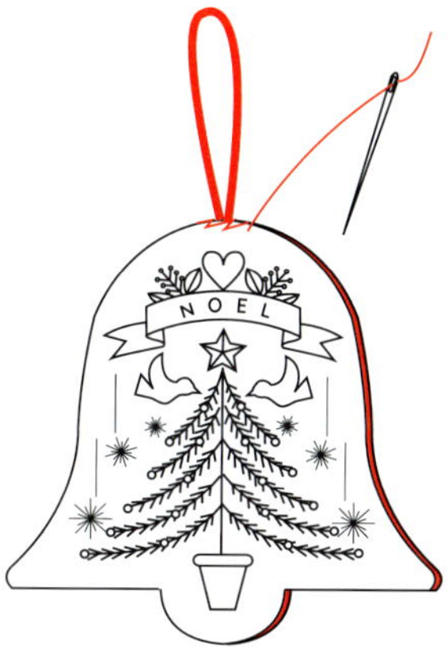

5 끈고리를 창구멍에 넣어 고정한 후 창구멍을 공그르기 합니다.

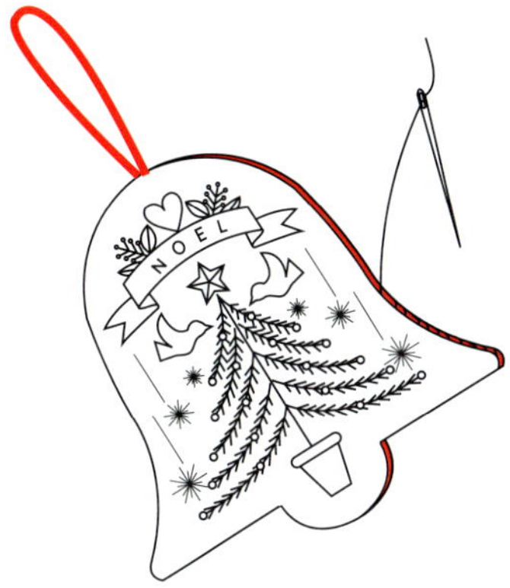

6 박음질한 테두리를 따라서 휘프트 체인 스티치를 놓아 장식합니다.

Winter no.2

크리스마스 액자

Christmas Frame

가장 빛나고 찬란한 아기 예수의 탄생 장면이 모티브예요.

어둡고 추운 곳 하나 없이 세상을 환히 비추길 바라요.

† 사이즈 : 가로 8.6cm, 세로 21cm(도안)

† 원단 : 옥스퍼드

† 사용한 기법 : 백 스티치, 새틴 스티치, 스트레이트 스티치, 아우트라인 스티치, 체인 스티치, 프렌치 노트 스티치, 휘프트 체인 스티치

† 재료 : 옥스퍼드 원단, A4액자, DMC25번사

† 사용한 실 번호 : 340, 444, 445, 504, 550, 600, 613, 642, 666, 701, 912, 956, 996, 3031, 3713, 3862, BLANC, ECRU

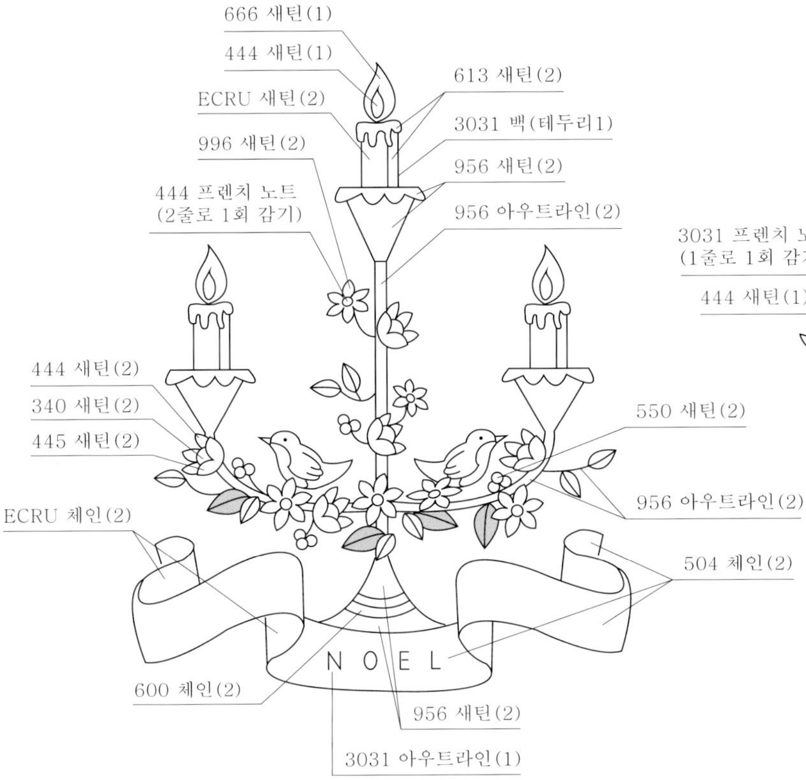
666 새틴(1)
444 새틴(1)
ECRU 새틴(2)
613 새틴(2)
3031 백(테두리1)
996 새틴(2)
956 새틴(2)
444 프렌치 노트
(2줄로 1회 감기)
956 아우트라인(2)
444 새틴(2)
340 새틴(2)
445 새틴(2)
550 새틴(2)
956 아우트라인(2)
ECRU 체인(2)
504 체인(2)
N O E L
600 체인(2)
956 새틴(2)
3031 아우트라인(1)

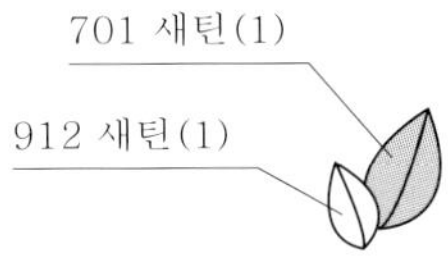
701 새틴(1)
912 새틴(1)

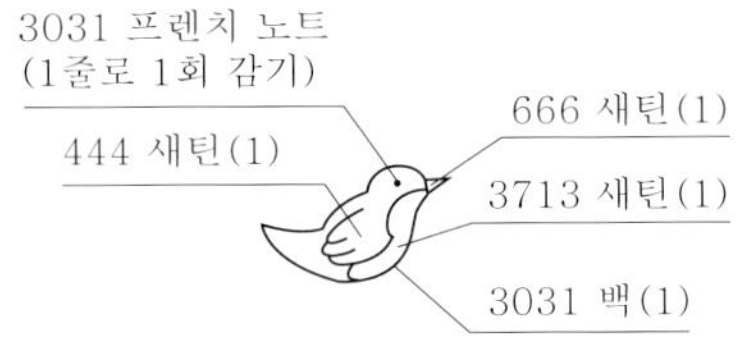
3031 프렌치 노트
(1줄로 1회 감기)
666 새틴(1)
444 새틴(1)
3713 새틴(1)
3031 백(1)

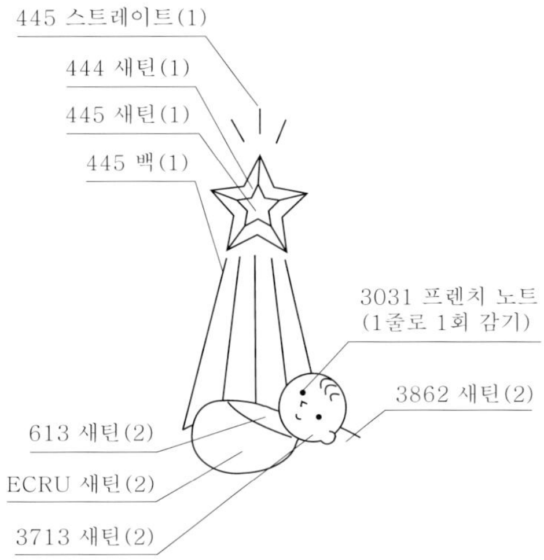

* 테두리 3031 백 스티치 1줄

How
to
make

1 완성된 자수 원단과 원단에 맞는 액자를 준비해주세요.

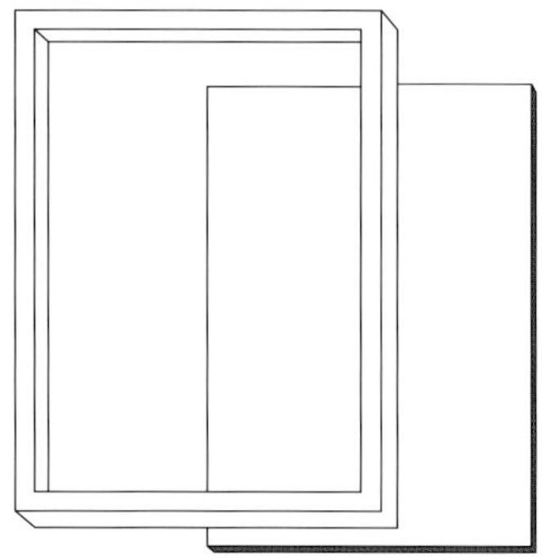

2 액자는 뒷판과 프레임을 분리합니다.

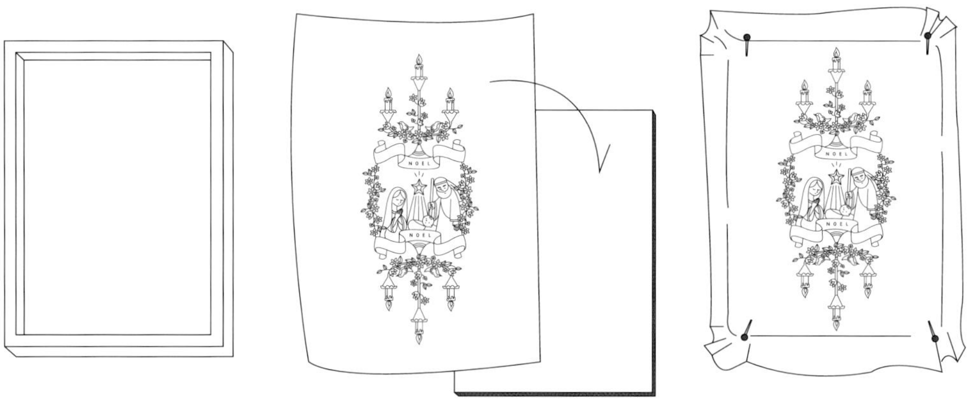

3 자수 원단을 액자 뒷판 중앙에 올리고 중심과 모서리를 맞춰 고정해주세요.

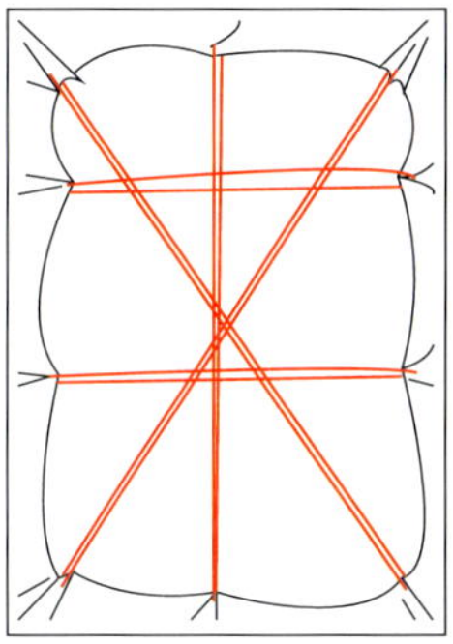

4 뒤집어서 원단을 실로 팽팽히 당겨 고정해주세요.

5 4를 프레임에 끼워주세요.

메리 산타클로스 가랜드

Merry Santa Claus Garland

산타클로스를 기다리던 설렘을 기억하세요?

손에 손을 잡고 캐롤을 부르는 산타를 수놓아보세요.

† 사이즈 : 가랜드 길이 100cm

† 원단 : 옥스퍼드

† 사용한 기법 : 백 스티치, 새틴 스티치, 아우트라인 스티치, 체인 스티치, 프렌치 노트 스티치

† 재료 : 가랜드 끈(100cm) 1개, LED 와이어 조명 1개, 면 리본 4개, 솔방울 4개, 옥스퍼드 원단, 지름 6mm 폼폼(빨간색 8개, 하늘색 4개) 접착 심지, MK울사, DMC25번사

† 사용한 실 번호 : 869, 895, 905, 3371, ECRU, MK100, MK111, MK108, MK212

* 테두리는 3371번으로 1줄 백 스티치를 놓습니다.

* 테두리 3371 백 스티치 1줄

1 완성된 자수원단을 심지의 까칠까칠한 면(풀칠) 위에 그대로 올려놓아주세요.

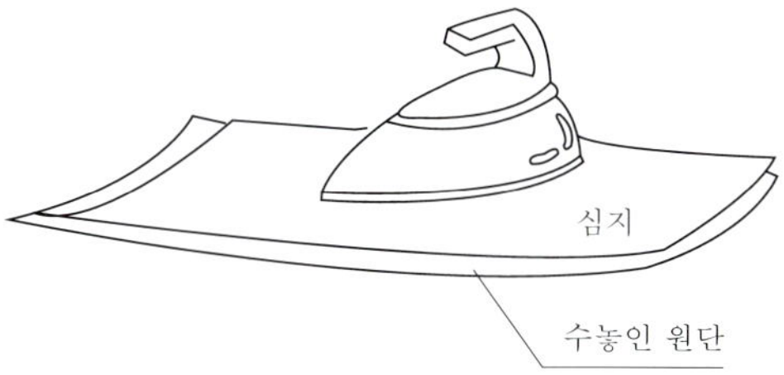

2 그대로 2장을 뒤집은 후 다리미를 이용해 붙여주세요.

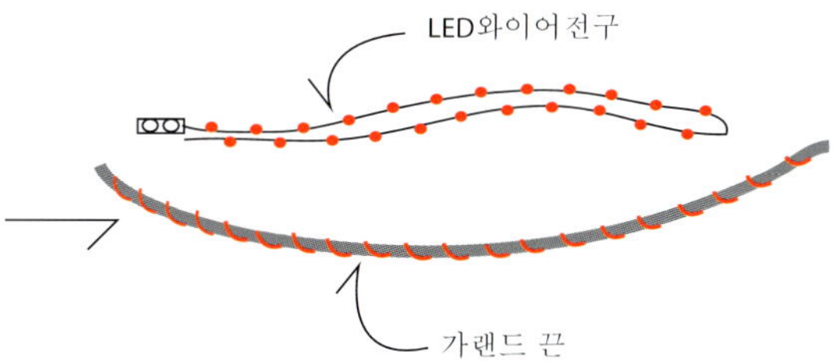

3 도안을 가위로 오려주세요. 너무 바짝 자르면 자수가 잘려나갈 수 있으니 테두리 여백을 2~3mm 남기며 잘라주세요.

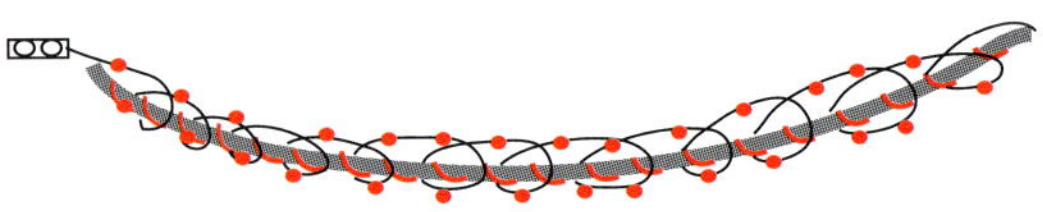

4 와이어 전구를 반으로 접어 가랜드 끈에 돌돌 감아 주세요.

5 미리 잘라놓은 자수패치들을 글루건이나 본드로 적당한 위치에 붙여주세요.

6 마지막으로 솔방울 장식을 양쪽에 달아주세요.

부록

기본 스티치 33

1. 더블 버튼홀 스티치

1 버튼홀 바깥에서 올라온 실을 왼쪽에 두고 버튼홀 고리 안에서 밖으로 통과하여 버튼홀 고리를 만듭니다.

2 첫 번째 고리 통과 후 실을 왼쪽에 두고 두 번째 버튼홀 고리를 통과합니다.

3 과정 1~2와 같은 방법으로 고리를 왼쪽 방향으로 통과해주세요.

4 마지막 고리까지 모두 통과하면 바늘을 뒤으로 빼낸 후 버튼홀을 마무리합니다.

2. 더블 캐스트온 스티치

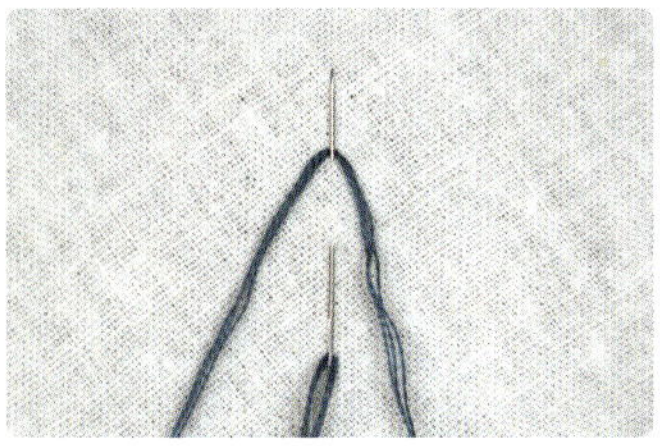

1 바늘이 올라온 처음 자리에서 아래로 1땀 뜨고 다시 처음 자리로 올라옵니다. 이때 실을 바늘을 사이에 두고 양쪽으로 각각 갈라놓으세요.

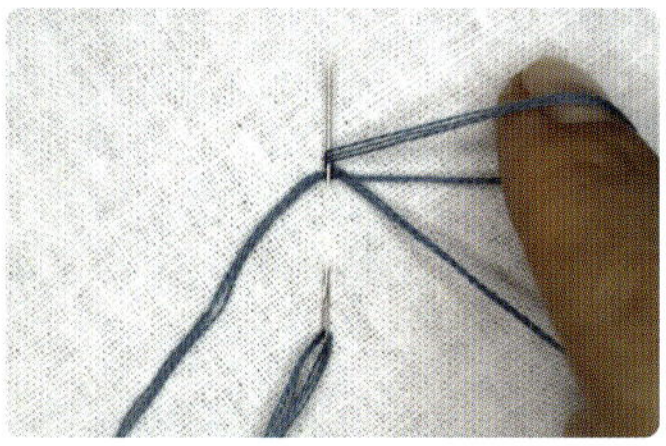

2 오른쪽 실을 바늘에 걸고 버튼홀 고리를 만들어주세요.

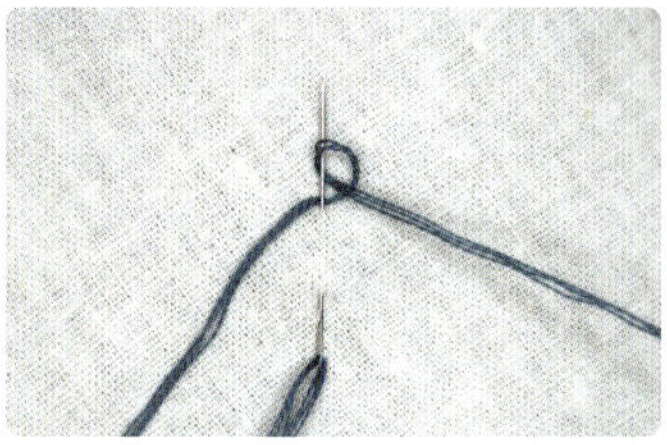

3 고리를 당겨줍니다.

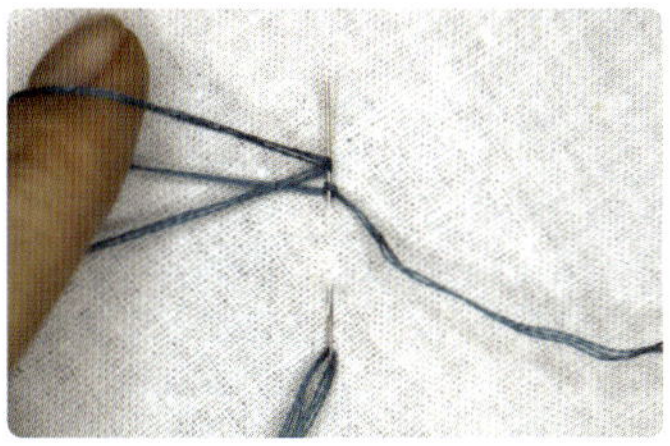

4 왼쪽 실을 바늘에 걸고 버튼홀 고리를 만들어주세요.

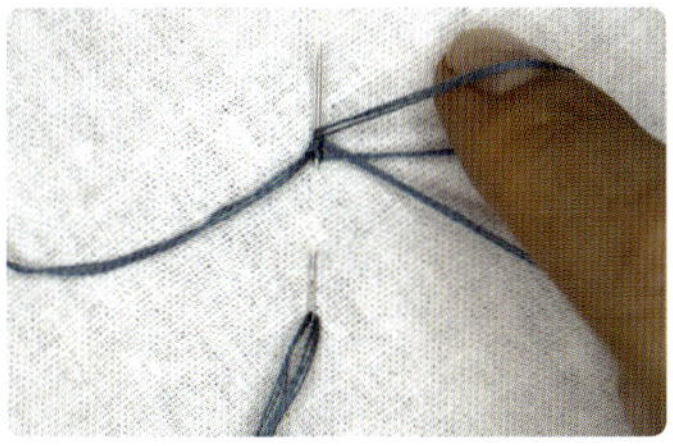

5 같은 방법으로 오른쪽 실을 바늘에 걸어 버튼홀 고리를 만들어주세요.

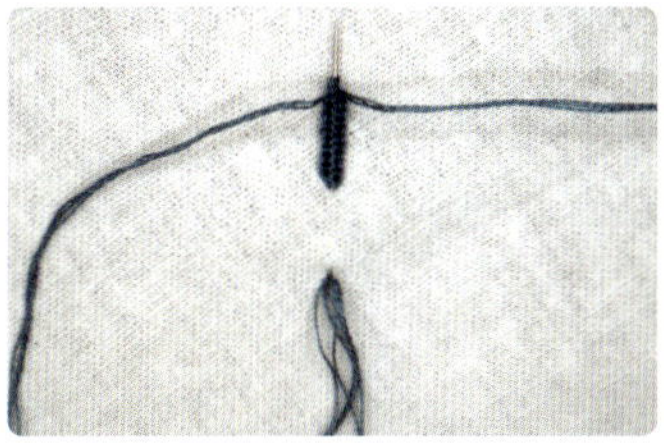

6 좌우 버튼홀 고리를 번갈아 만들어 줍니다.

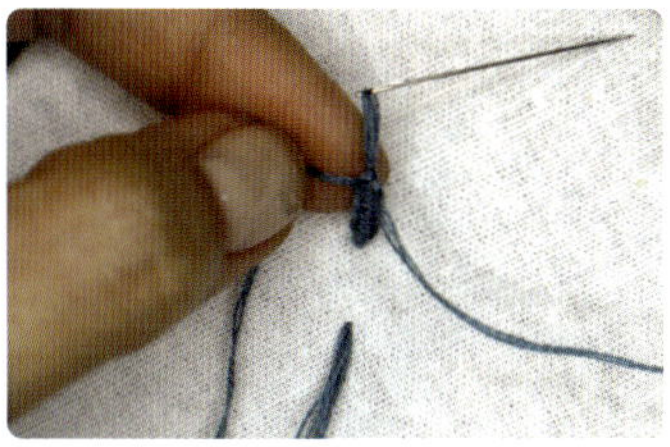

7 수놓은 버튼홀을 잡고 위로 올라온 바늘 끝은 잡아당겨 위로 빼주세요.

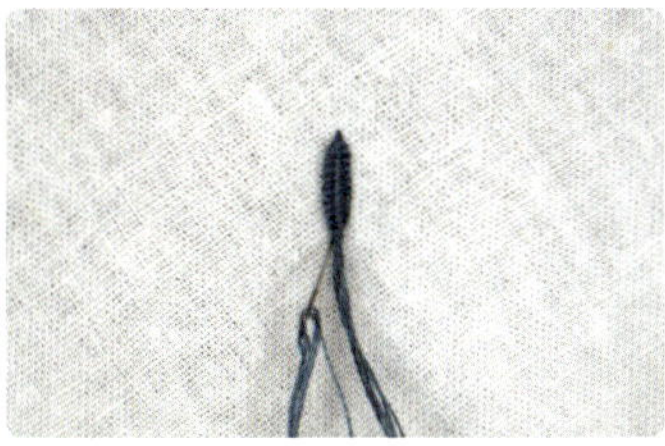

8 빼낸 바늘을 아래로 당겨 실을 정리한 후 밑으로 꽂아주세요.

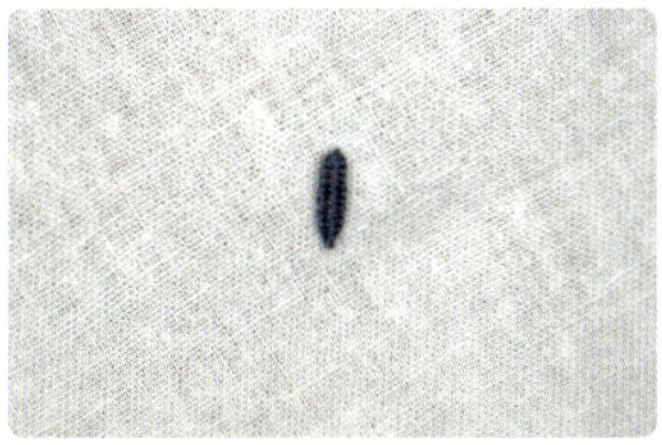

9 밑으로 뺀 실은 뒤에서 매듭지어 마감합니다.

3. 러닝 스티치

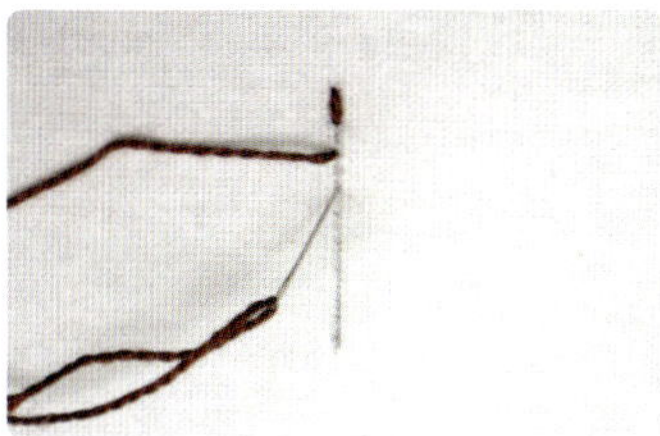

1 1땀 놓인 길이만큼 여백을 두고 같은 간격으로 수놓습니다.

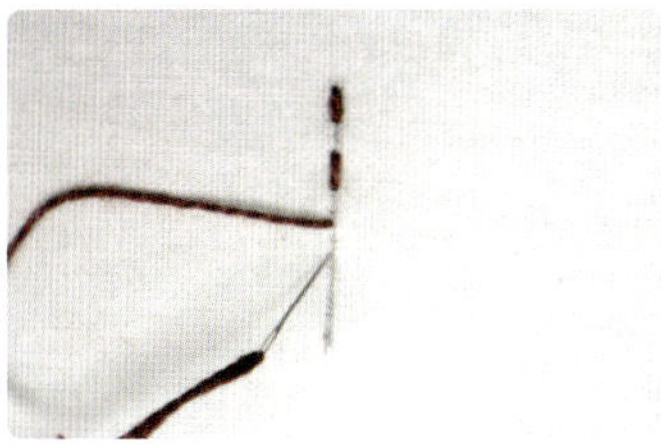

2 같은 길이로 1땀 수놓아주세요.

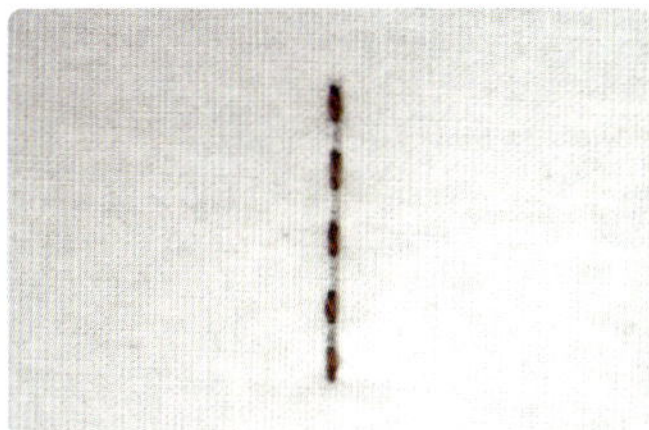

3 간격을 일정하게 아래로 1땀씩 수놓아 마무리합니다.

4. 레이즈드 리프 스티치

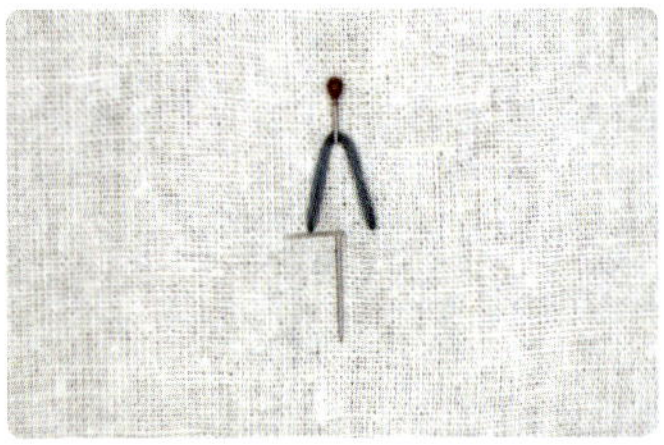

1 시침핀 왼쪽에서 올라온 실을 시침핀 위로 걸고 오른쪽으로 들어갑니다.

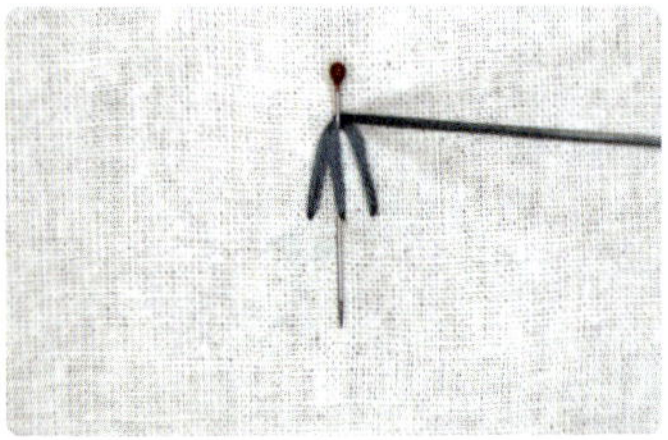

2 시침핀 중심으로 나온 실을 시침핀 위로 걸어 오른쪽에 두세요.

3 오른쪽에 놓인 바늘이 가운데 실 밑으로 통과하도록 합니다.

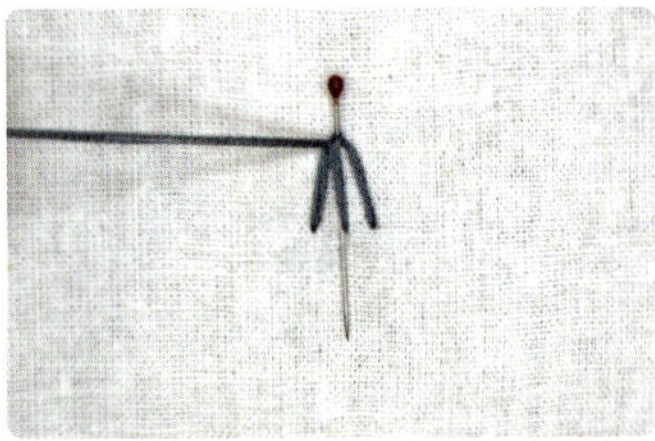

4 실을 왼쪽으로 완전히 빼주세요.

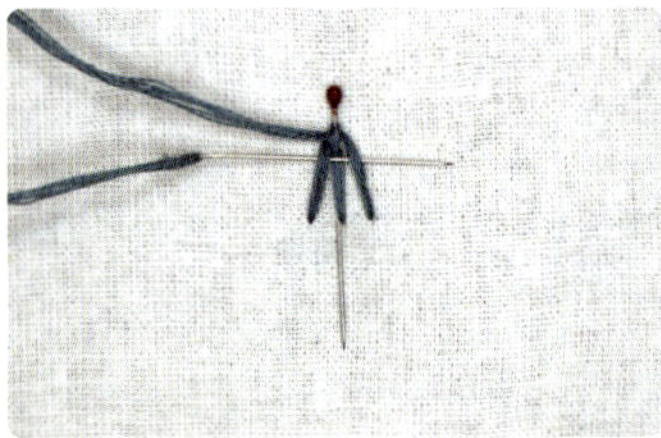

5 왼쪽에서 나온 실을 양쪽 2줄의 실 밑으로 통과시켜 오른쪽으로 빼주세요.

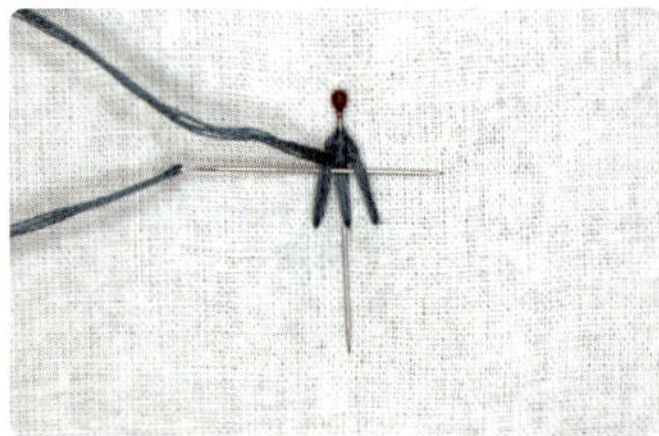

6 같은 방법으로 오른쪽에서 나온 실을 양쪽 2줄의 실 밑으로 통과시켜 왼쪽으로 빼주세요.

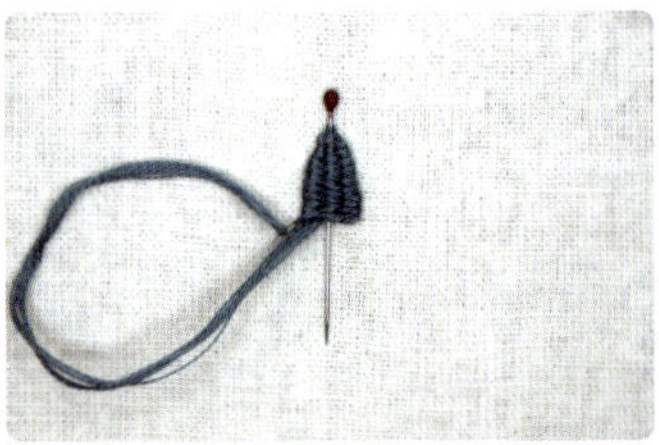

7 반복하여 수놓은 후 바늘을 아래로 빼서 매듭짓습니다.

5. 레이즈드 버튼홀 스티치

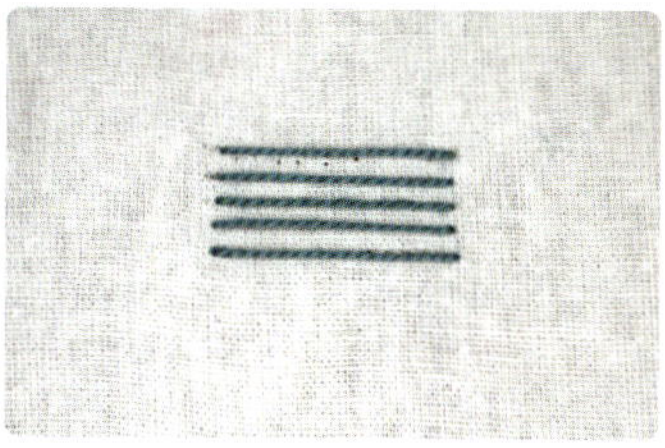

1 가로로 직선 5줄을 놓아주세요.

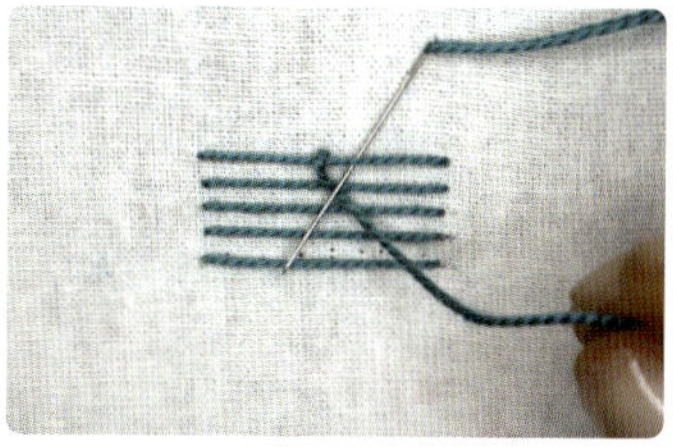

2 맨 위 직선 중심에서 올라온 후 위에서 아래로 고리를 걸어주세요.

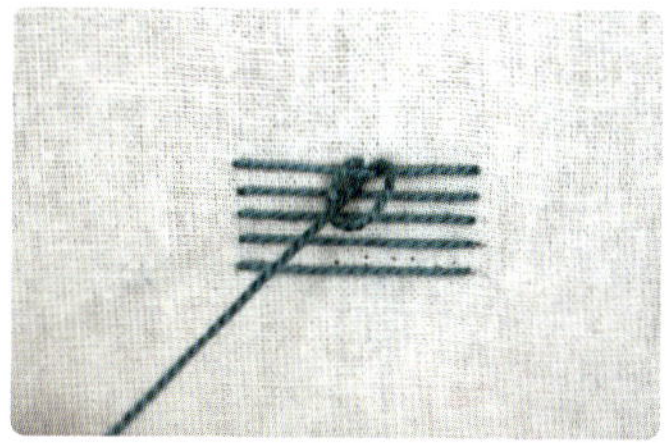

3 버튼홀 고리를 만들어 당겨주세요.

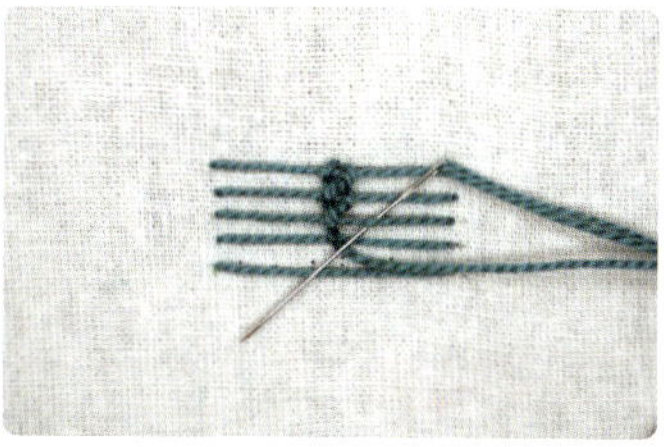

4 둘째 줄 직선에 같은 방법으로 버튼홀 고리를 걸어주세요.

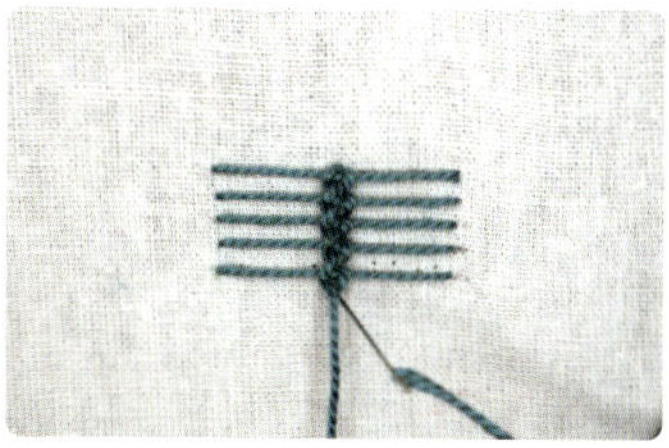

5 마지막 줄까지 같은 방법으로 버튼홀 고리를 걸어줍니다.

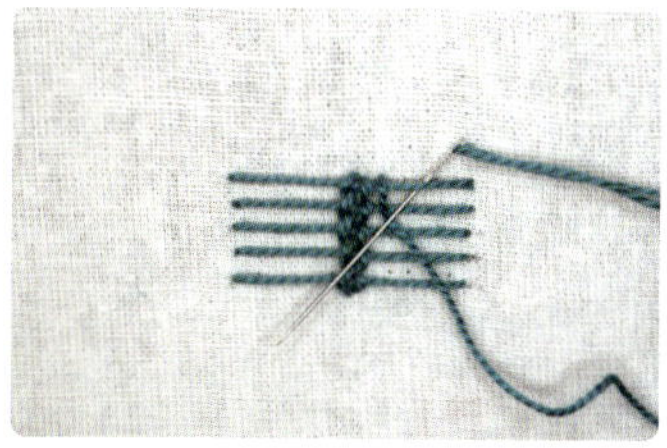

6 오른쪽 위로 올라가서 위에서 아래로 버튼홀 고리를 걸어주세요.

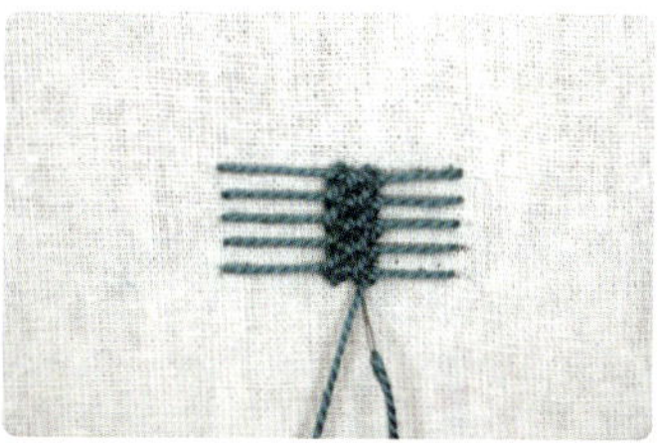

7 마지막 줄까지 같은 방법으로 버튼홀 스티치를 놓습니다.

8 가로줄이 전부 메꿔지도록 버튼홀 고리를 채웁니다.

6. 레이지 데이지 스티치

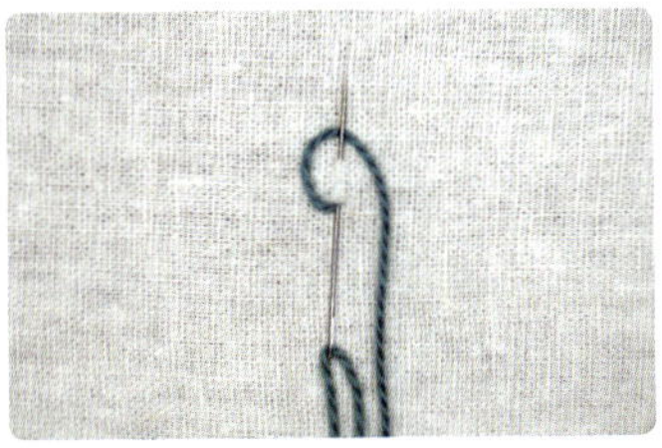

1 바늘이 올라온 지점으로 다시 바늘을 꽂아 위로 1땀 떠서 바늘 뒤로 실을 걸어주세요.

2 바늘을 당겨 실을 빼낸 후 고리 뒤로 바늘을 꽂아줍니다.

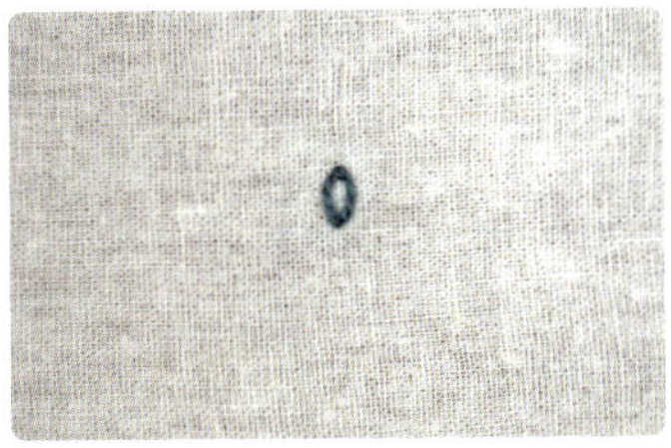

3 뒤로 빼낸 실을 매듭지어주세요.

7. 롱 앤드 쇼트 스티치

1 윗부분 중심에 길게 수놓습니다. 위부터 짧고 길게 반복해 수놓아 윗부분을 채워주세요.

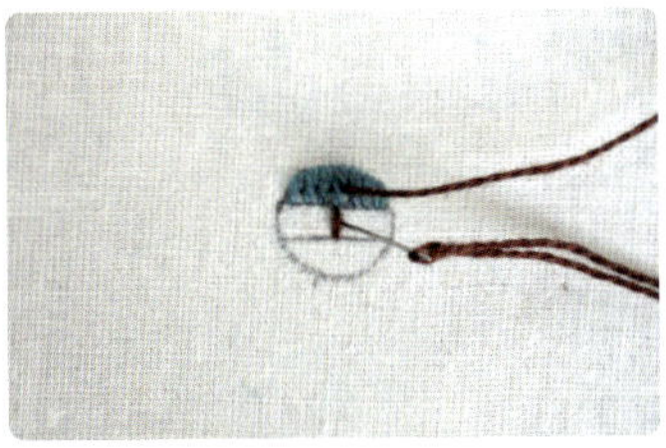

2 중간 부분도 중심에 길게 수놓은 후 오른쪽 방향으로 짧고 길게 반복해 수놓아 채웁니다.

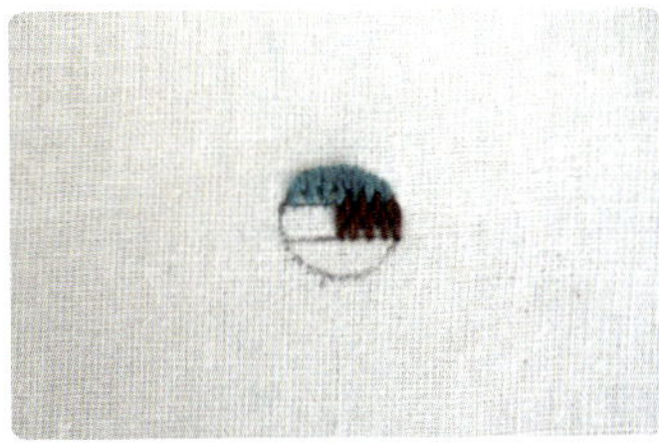

3 중간 부분의 오른쪽을 채운 모습입니다.

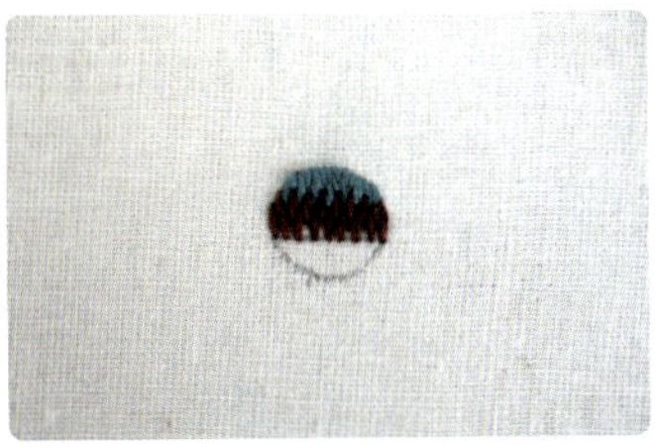

4 같은 방법으로 중간 부분의 왼쪽을 채웁니다.

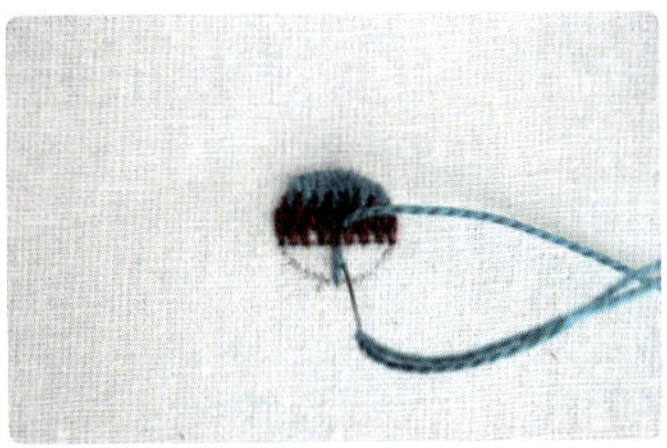

5 아랫부분도 중심에 길게 수놓은 후 오른쪽 방향으로 짧고 길게 반복해 수놓아 채웁니다.

6 같은 방법으로 아랫부분의 왼쪽을 채웁니다.

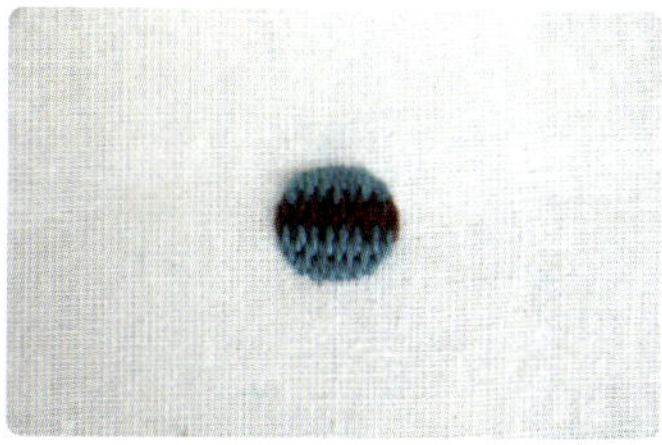

7 맨 아래 여백을 짧은 선으로 채워 마무리합니다.

8. 루프 스티치

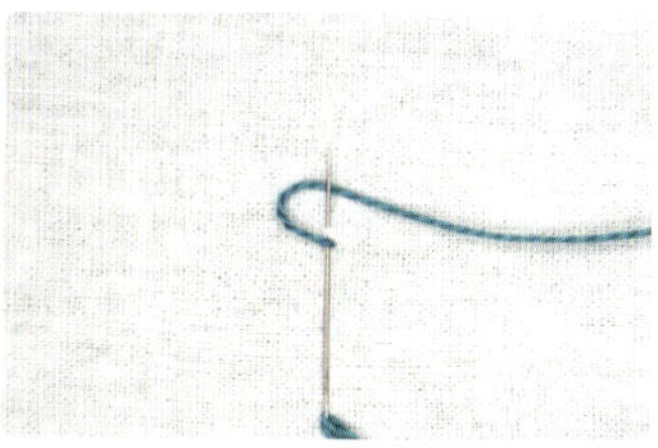

1 올라온 실의 1땀 위로 바늘을 내어 실을 걸어주세요.

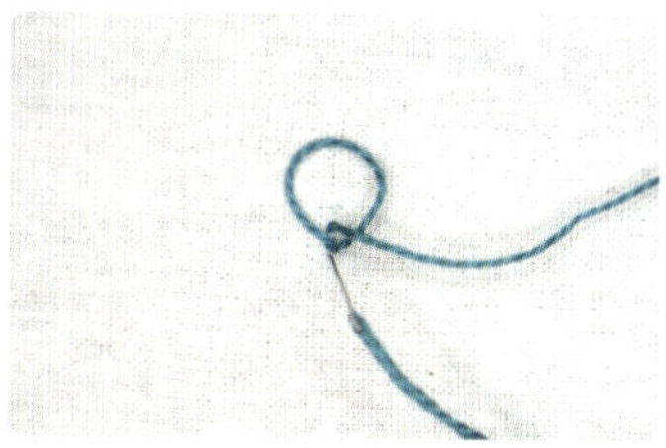

2 그대로 바늘을 빼서 고리를 만들어 준 후 고리를 적당한 크기로 줄여주세요.

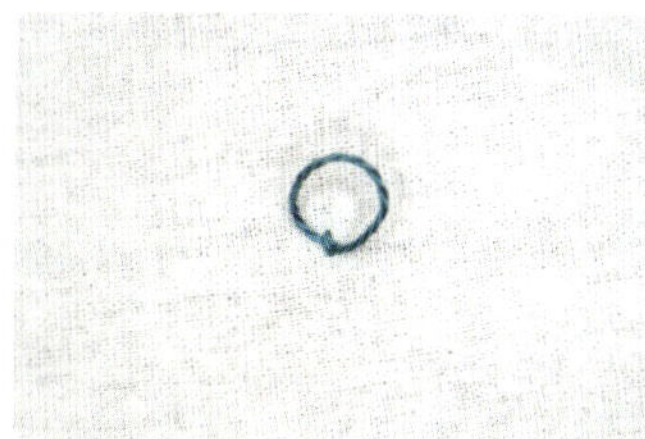

3 실을 고리 바깥으로 꽂은 후 밑에서 매듭을 지어주세요.

9. 리프 스티치

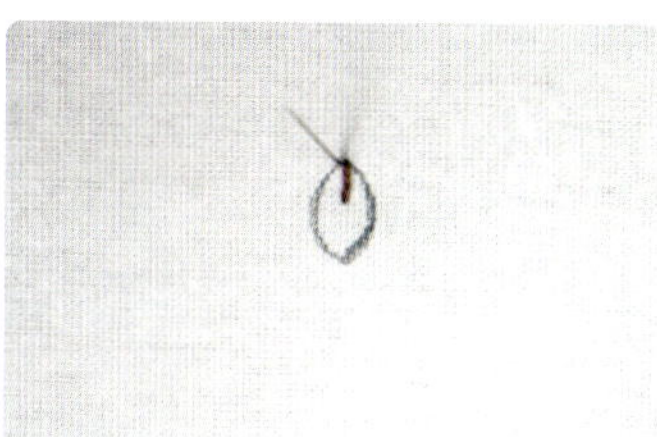

1 잎사귀 상단에서 3분의 1 아래로 중심선을 수놓아주세요.

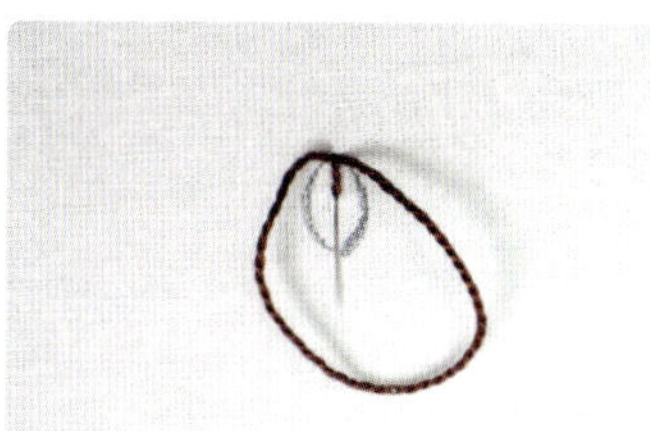

2 중심선을 사이에 두고 왼쪽에서 오른쪽으로 바늘을 꽂아주세요.

3 중심선 아래 같은 구멍으로 바늘을 내고 고리를 걸어 실을 아래로 당겨주세요.

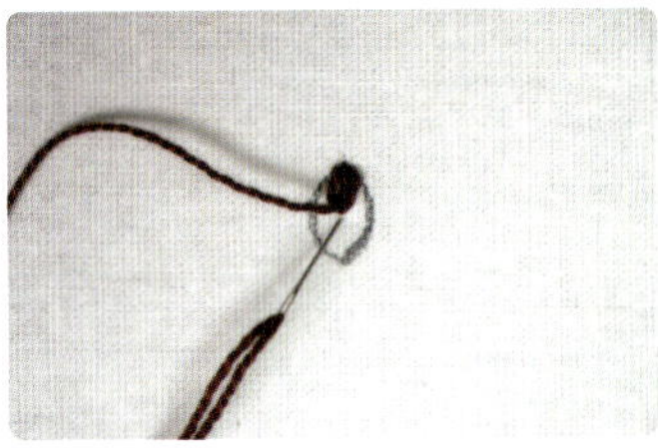

4 바늘을 고리 뒤로 꽂아주세요.

5 같은 방법으로 잎사귀 전체를 메꿔 주세요.

10. 백 스티치

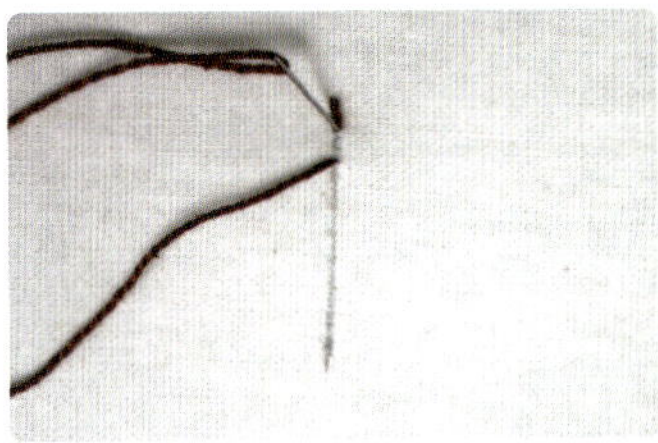

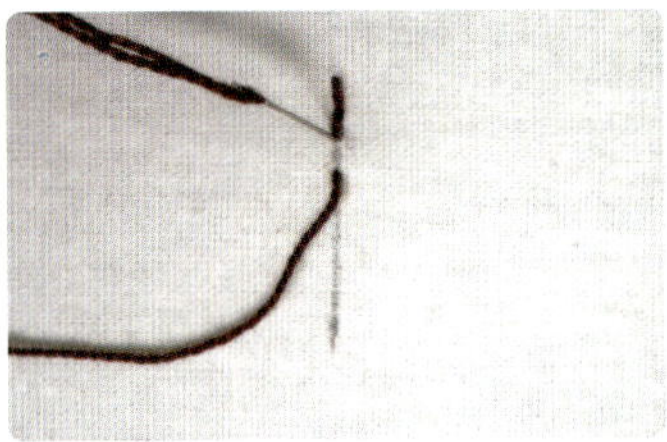

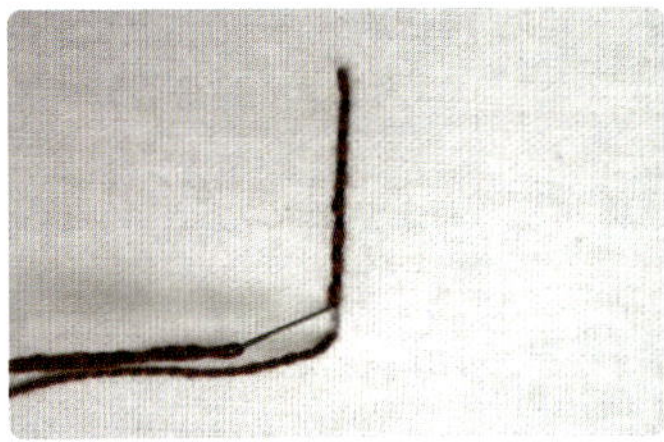

1 직선 아래에 1땀을 수놓고 같은 간격으로 바늘을 내어 1땀을 놓아주세요.

2 같은 방법으로 반복하여 수놓아주세요.

3 일정한 간격으로 선을 채워주세요.

11. 버튼홀 레이스 스티치

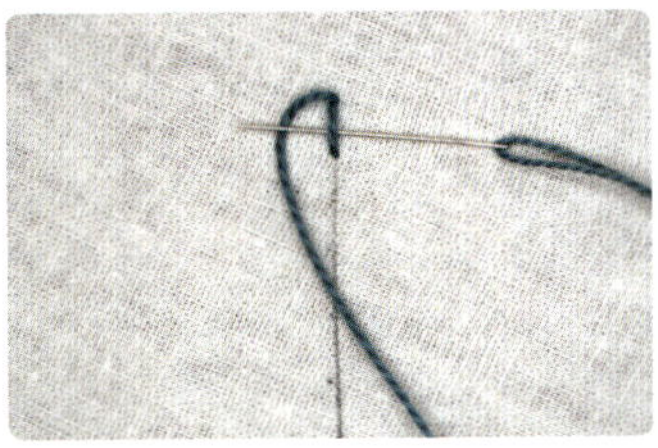

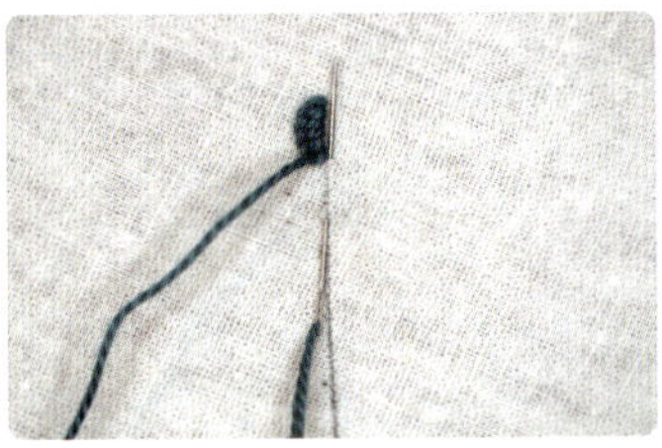

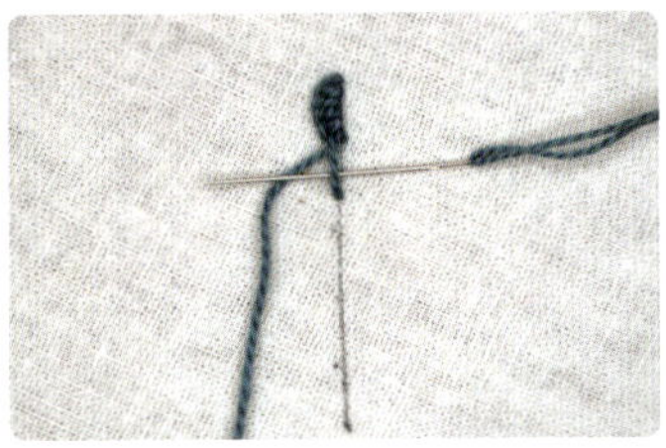

1 1땀을 놓고 그 사이로 실을 통과시켜 버튼홀 고리를 만들어주세요.

2 버튼홀로 선을 채운 후 다시 1땀 아래로 내려가 버튼홀 끝 지점으로 바늘을 빼주세요.

3 같은 방법으로 버튼홀 레이스 스티치를 놓습니다.

4 일정한 간격으로 수놓은 모습입니다.

12. 버튼홀 스티치

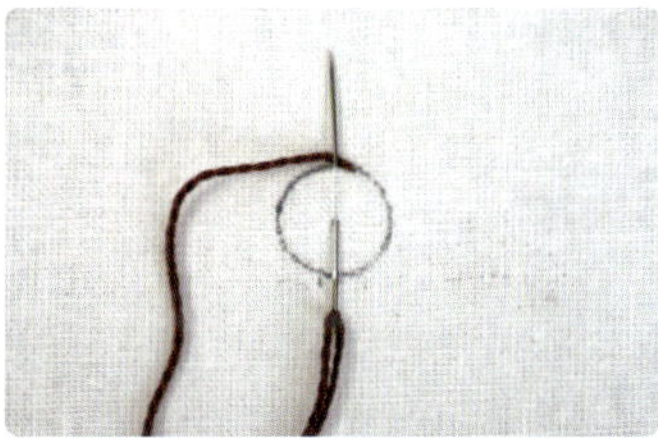

1 원 안에서 바깥으로 바늘을 빼냅니다. 이때 바늘 아래 실을 둡니다.

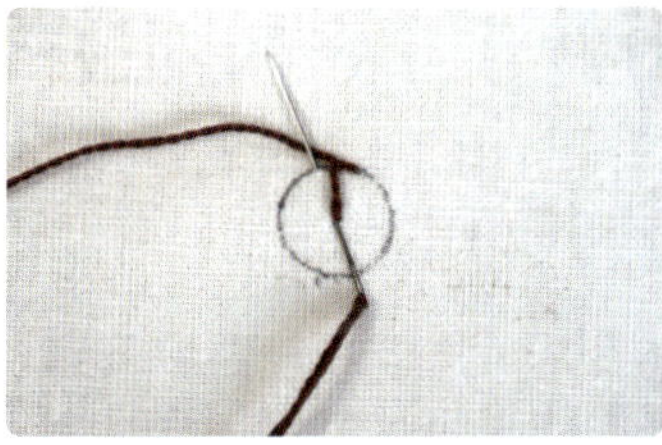

2 다시 원 중심에 바늘을 넣고 바깥 테두리로 빼주세요.

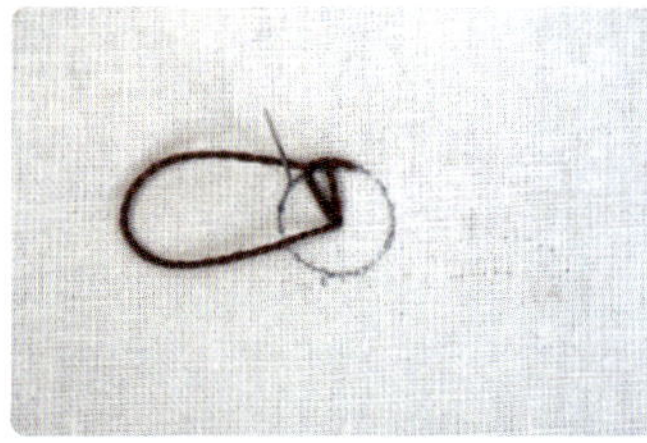

3 같은 방법으로 중심에서 원 테두리로 바늘을 빼내어 고리를 걸어줍니다.

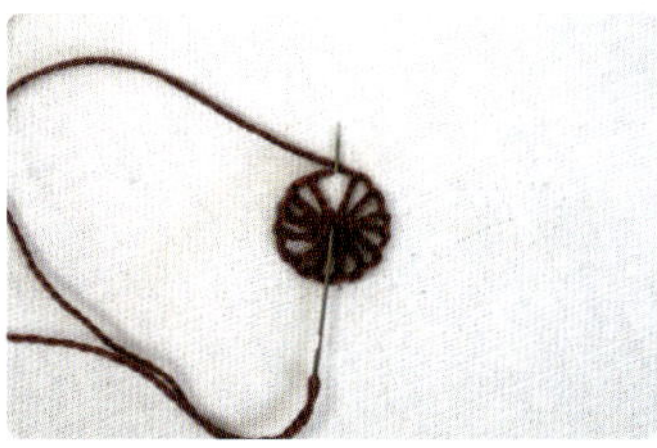

4 마지막 중심에서 바깥으로 버튼홀 스티치를 합니다.

5 올라온 실을 고리 뒤로 걸어 꽂아 마무리합니다.

13. 블로섬 스티치

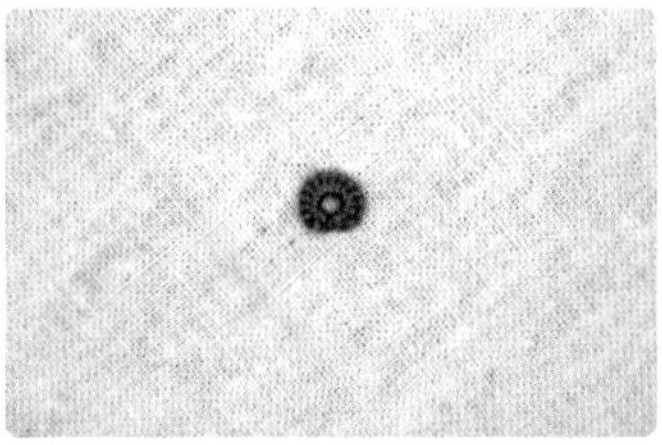

1 캐스트온 링 스티치를 놓습니다.

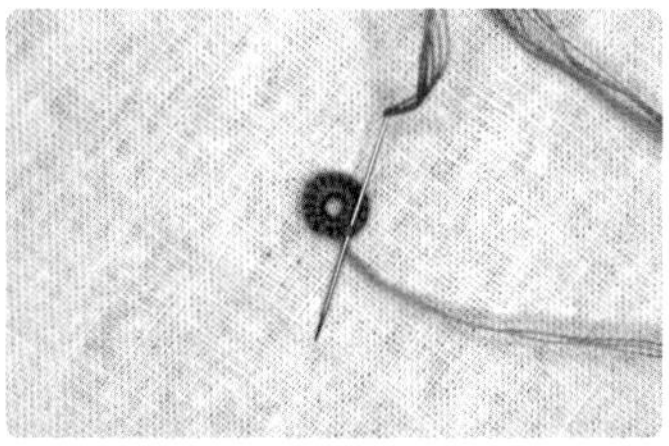

2 첫 번째 캐스트온 고리에 버튼홀 고리를 걸어주세요.

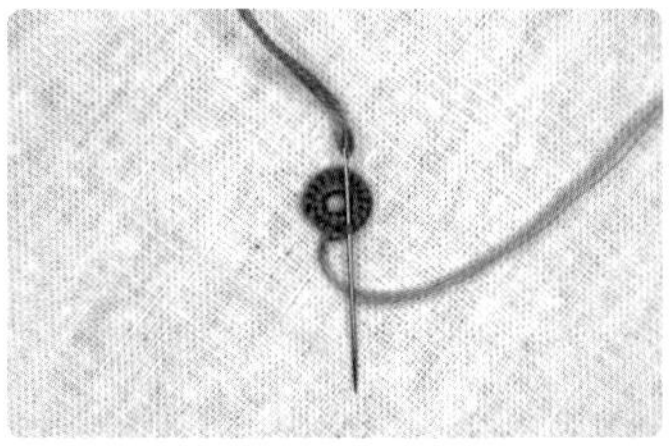

3 두 번째 캐스트온 고리에 버튼홀 고리를 걸어 빼주세요.

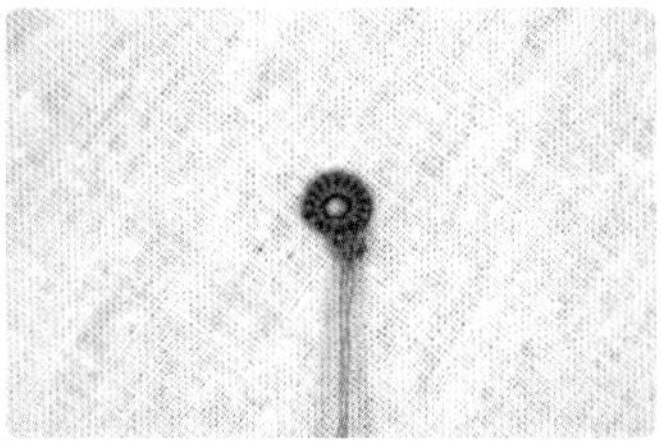

4 버튼홀 고리를 당겨서 정리해주세요.

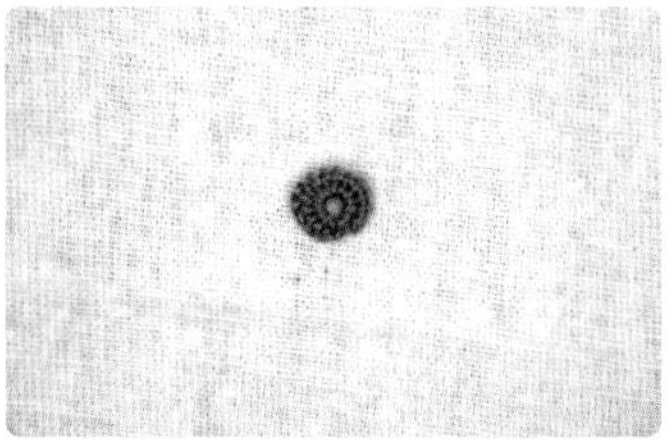

5 캐스트온 고리에 버튼홀 스티치를 각각 전부 수놓아주세요.

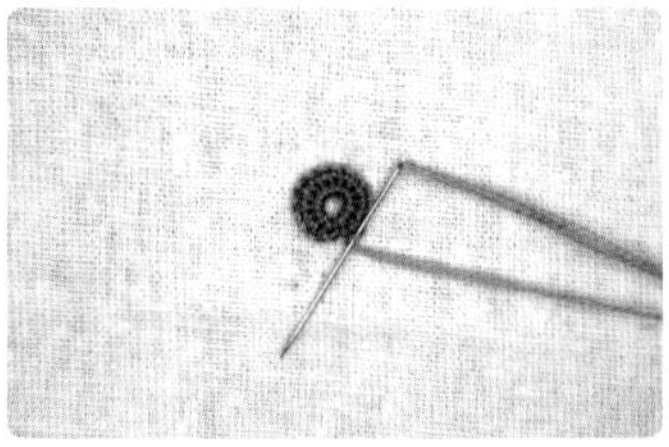

6 같은 방법으로 버튼홀 위에 다시 한 번 버튼홀 고리를 만들어주세요.

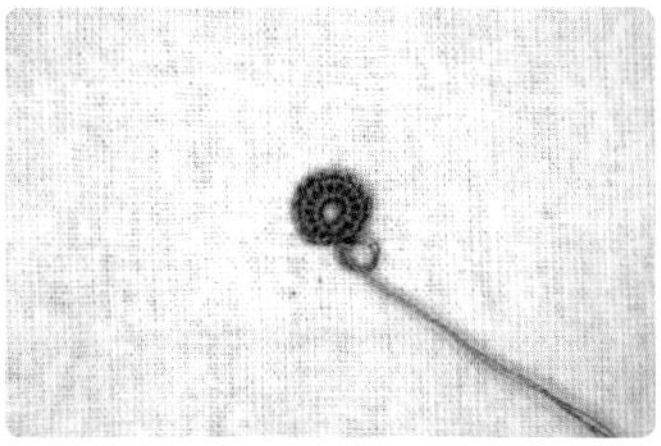

7 버튼홀이 너무 느슨하지 않게 당겨주세요.

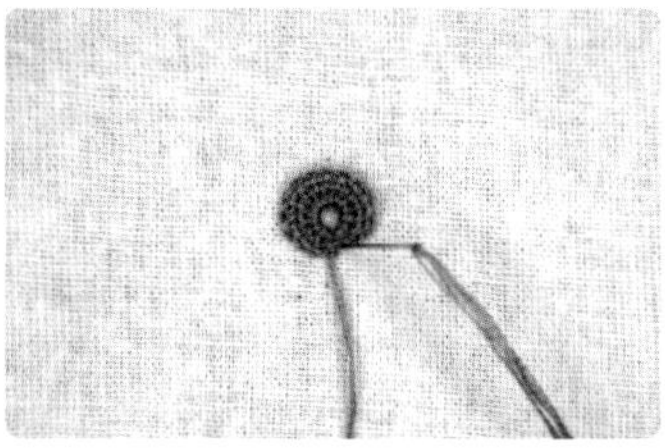

8 버튼홀 둘레에 또 한 번 버튼홀 스티치로 수놓아 매듭짓습니다.

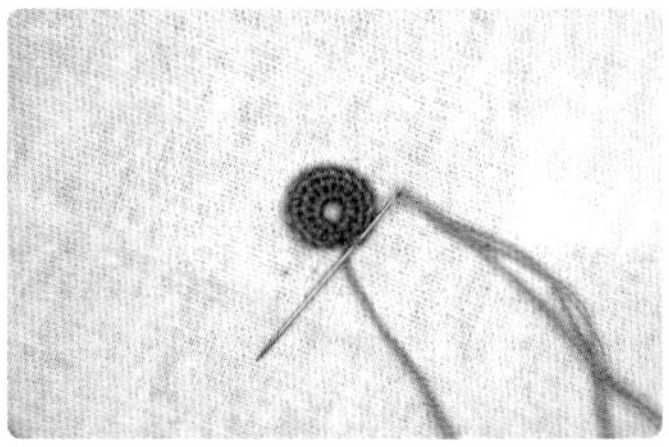

9 다시 첫 번째 버튼홀에 고리를 걸어 빼주세요.

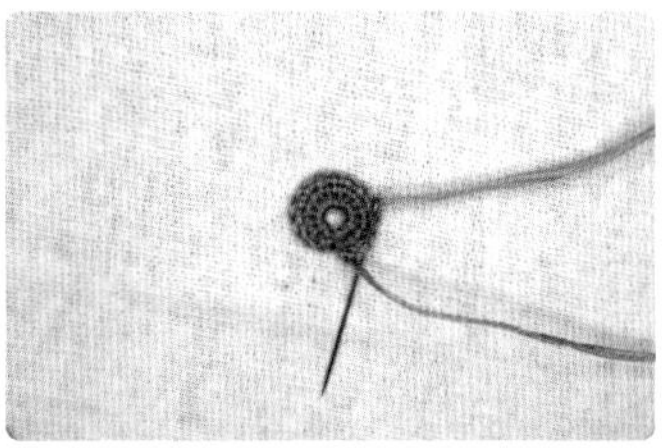

10 첫 번째 버튼홀에 버튼홀 3개를 걸고, 두 번째 고리에 위에서 아래로 바늘을 통과시켜주세요.

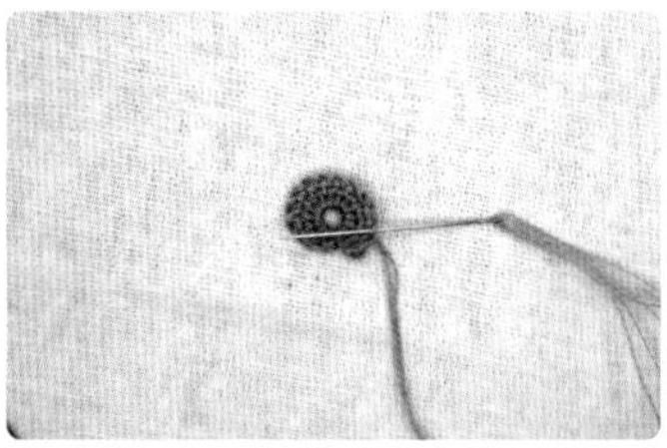

11 세 번째 버튼홀 고리에 아래에서 위로 바늘을 통과시켜주세요.

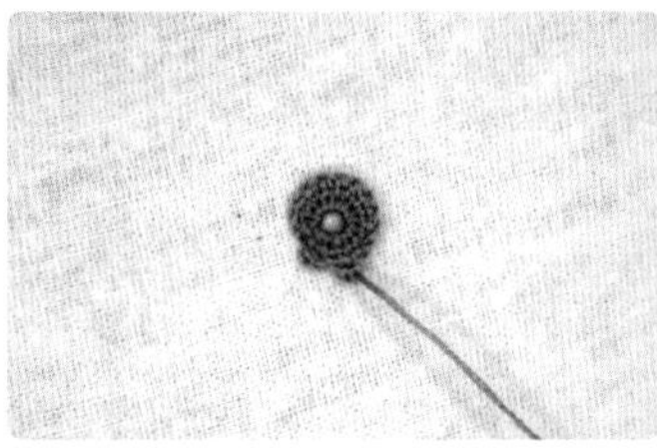

12 세 번째 버튼홀 고리로 뺀 바늘에 버튼홀 3개를 걸어주세요.

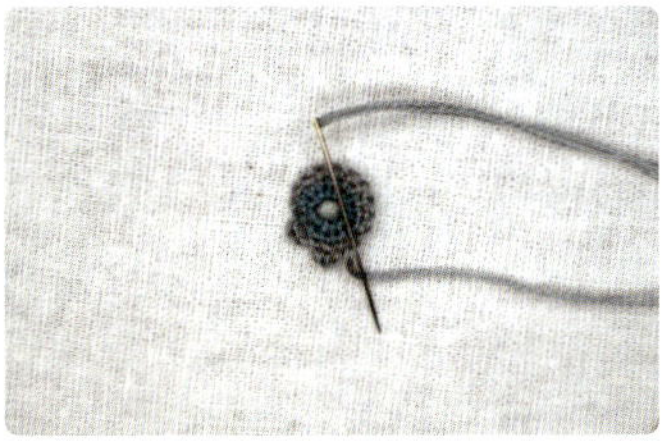

13 네 번째 버튼홀 고리에 위에서 아래로 바늘을 통과시켜 같은 방법으로 수놓아 줍니다.

14 마지막 버튼홀까지 완성한 후 버튼홀 고리 밖으로 바늘을 꽂아 마무리합니다.

14. 불리온 스티치

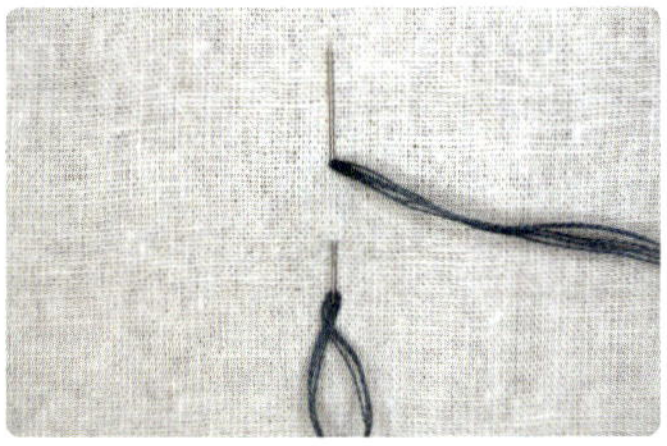

1 처음 나온 위치에서 아래로 1땀 놓고 다시 처음 실이 올라온 위치로 바늘을 반만 빼주세요.

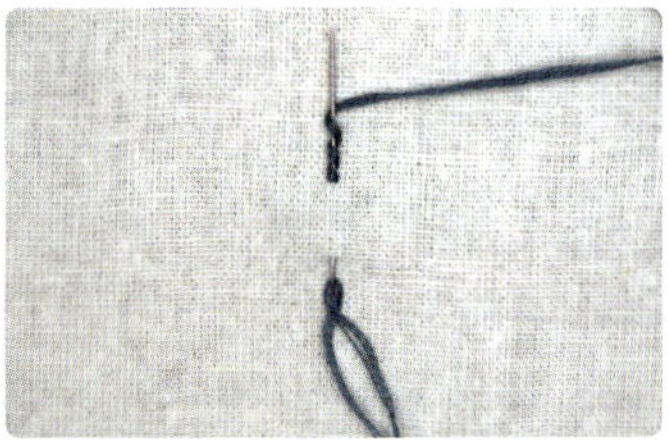

2 바늘에 실을 감아주세요.

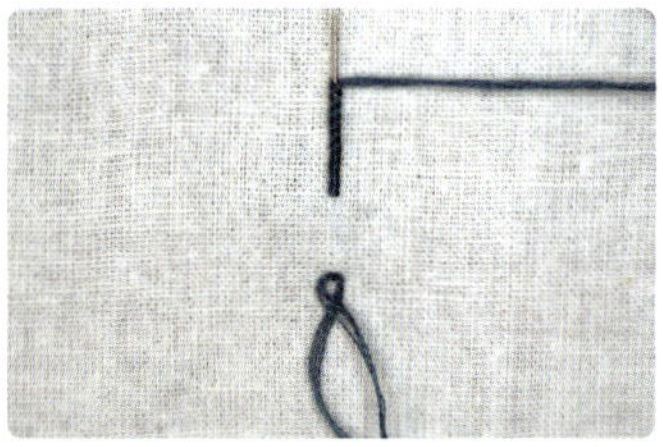

3 충분히 실을 감은 후 감긴 실을 잘 정리해주세요.

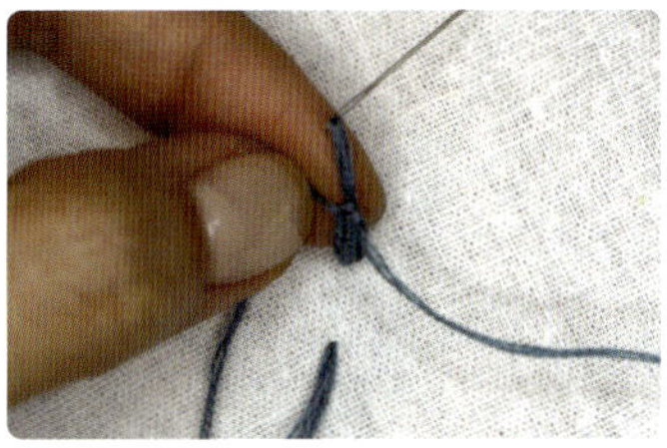

4 감긴 실을 풀리지 않게 잡고 바늘을 위로 잡아 빼주세요.

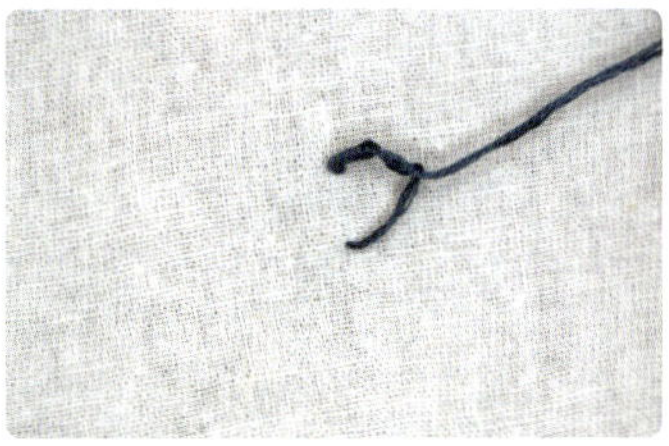

5 빼낸 실을 아래로 살살 당겨 불리온을 정리합니다.

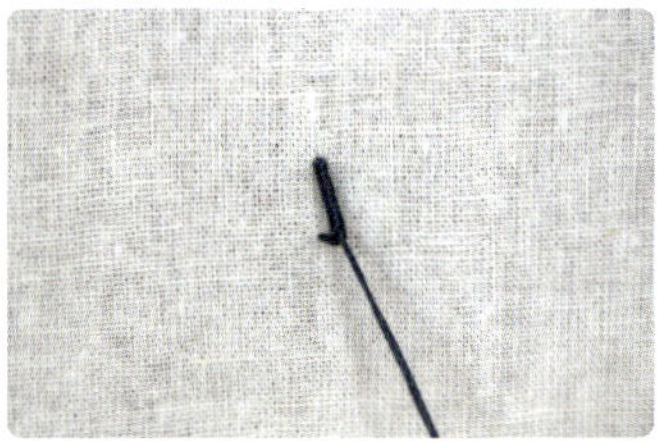

6 불리온 두께가 일정하도록 아래로 잘 잡아당겨주세요.

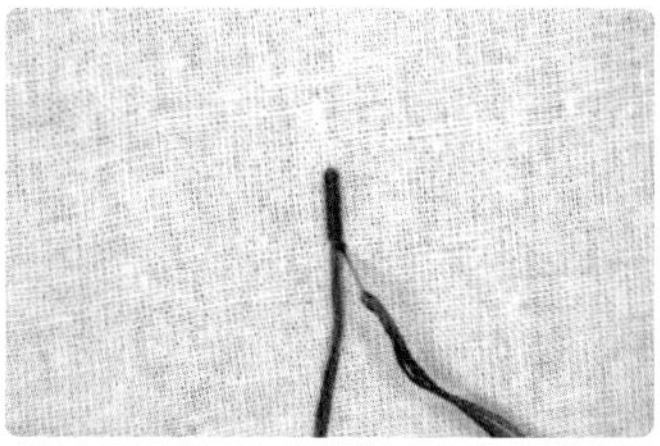

7 아래 끝부분 구멍에 넣어 꽂아주세요.

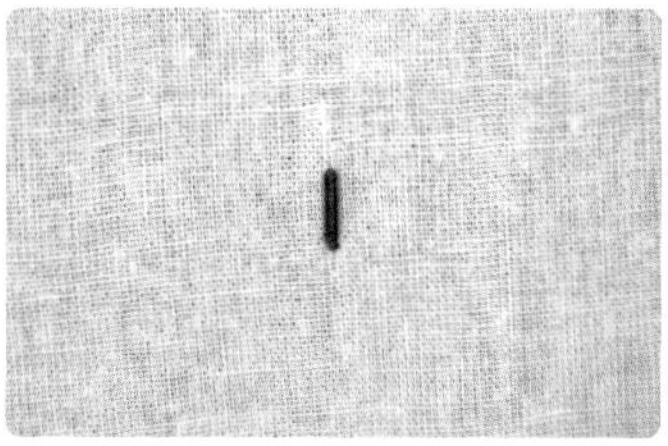

8 뒤로 빼낸 실을 매듭지어주세요.

15. 불리온 로즈 스티치

<<<<<<<<<<<<<<<<<<<<<<<<<

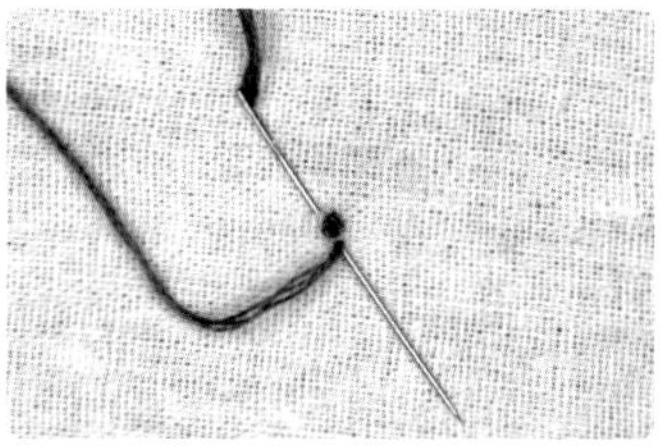

1 가운데 프렌치 노트 스티치를 놓습니다.

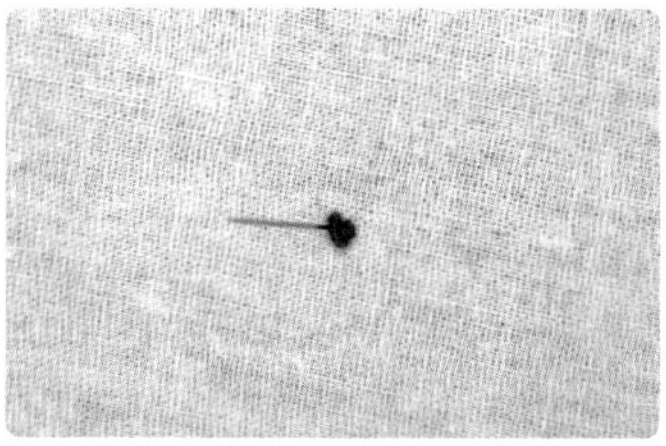

2 프렌치 노트 스티치를 중심으로 불리온 스티치를 짧게 수놓아주세요.

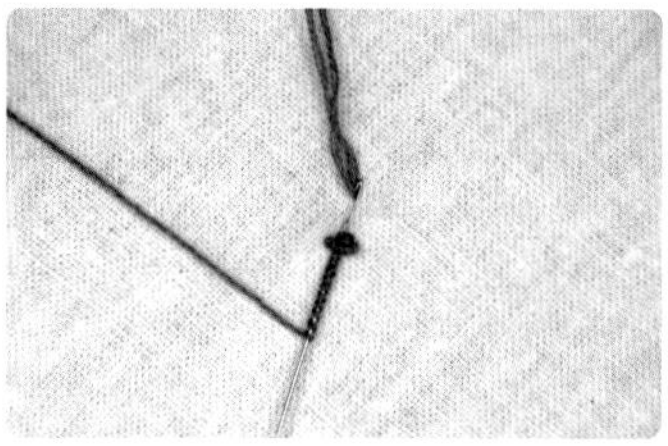

3 첫 번째 불리온을 살짝 겹쳐 두 번째 불리온을 수놓아주세요.

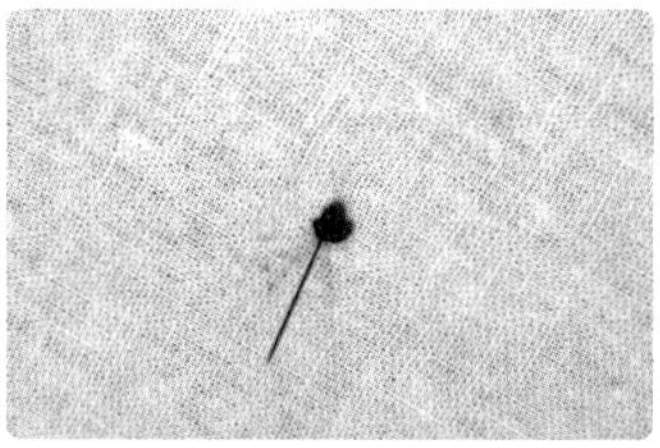

4 세 번째 불리온도 수놓아주세요.

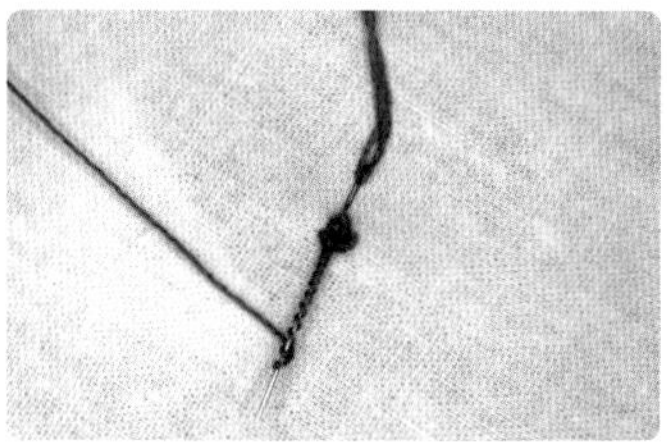

5 두 번째 불리온과 겹쳐 수놓습니다.

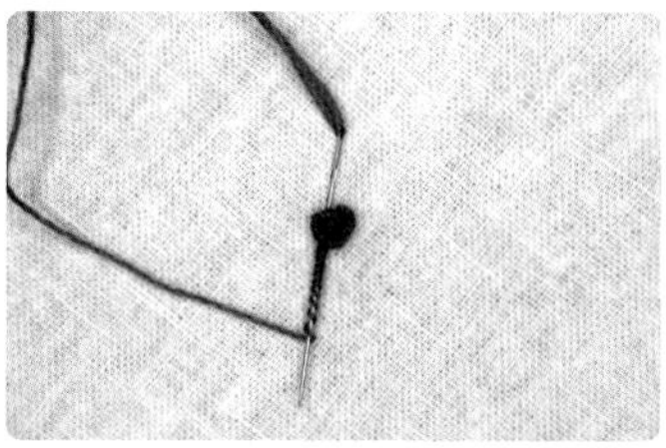

6 시계방향으로 불리온을 같은 방법으로 수놓아주세요.

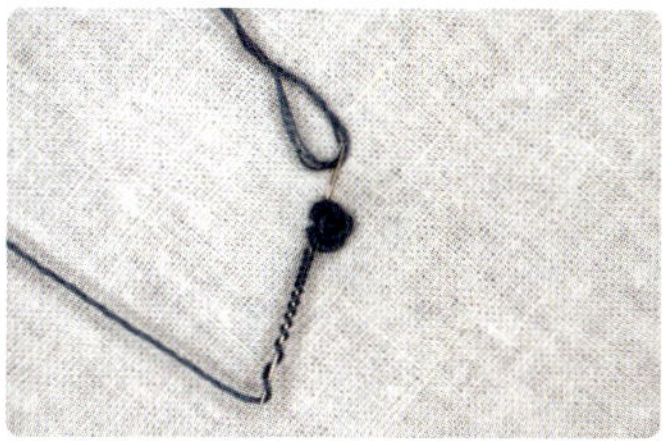

7 꽃이 커지면서 불리온의 길이도 조금 더 길어집니다.

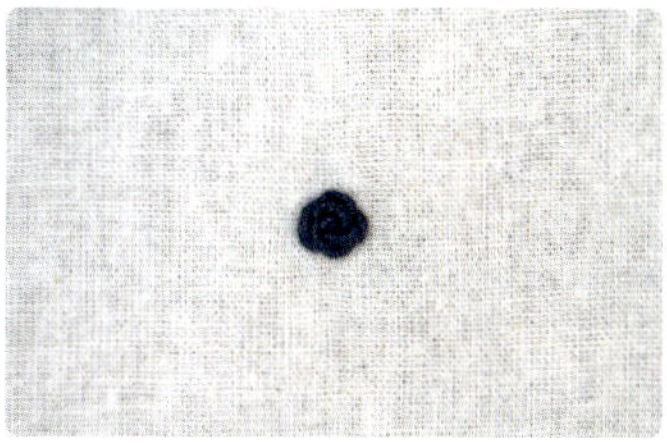

8 불리온을 1바퀴 전부 다 수놓은 후 마무리합니다.

16. 불리온 링 스티치

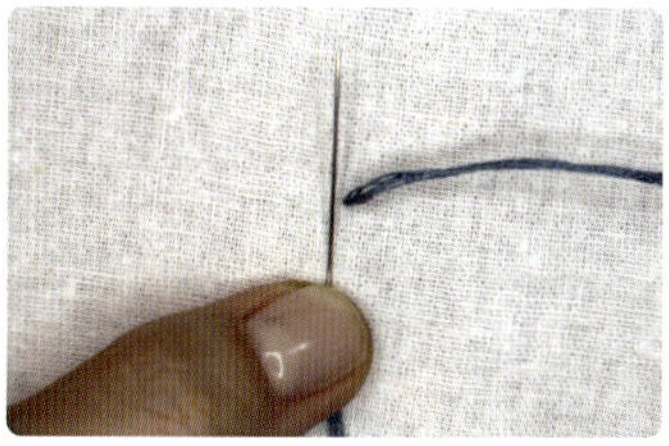

1 올라온 실 바로 옆에 바늘을 댑니다.

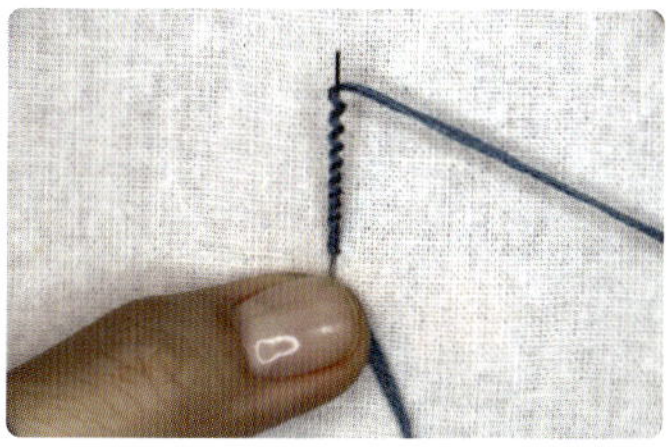

2 실을 바늘에 충분히 감아주세요.

3 감긴 불리온 실을 잡고 바늘만 잡아당겨 위로 빼주세요.

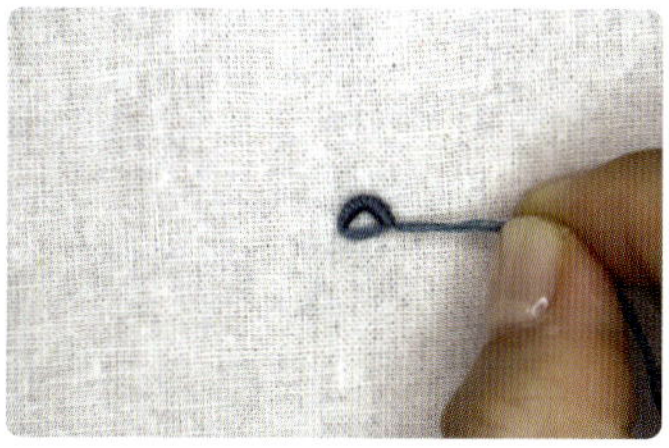

4 실을 팽팽히 잡아당겨 정리해주세요.

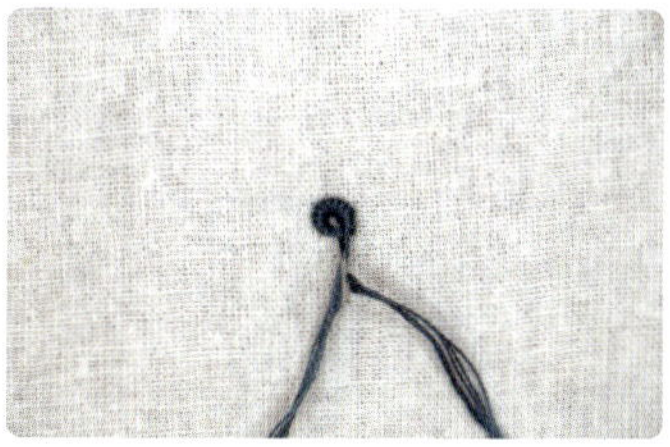

5 실을 당겨 동그랗게 링을 만들어준 후 실이 올라온 자리로 바늘을 빼주세요.

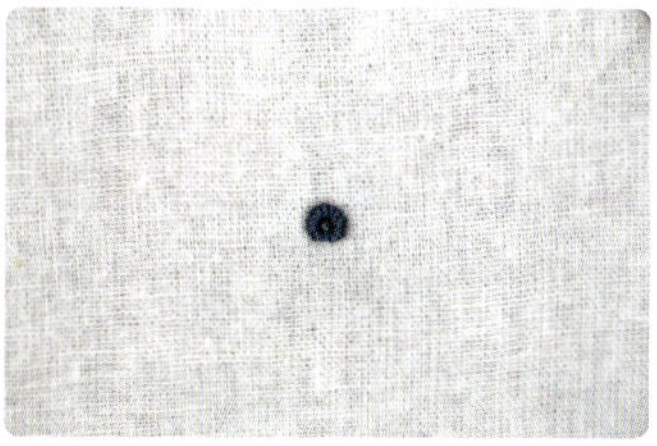

6 아래로 뺀 실을 매듭지어주세요.

17. 새틴 스티치

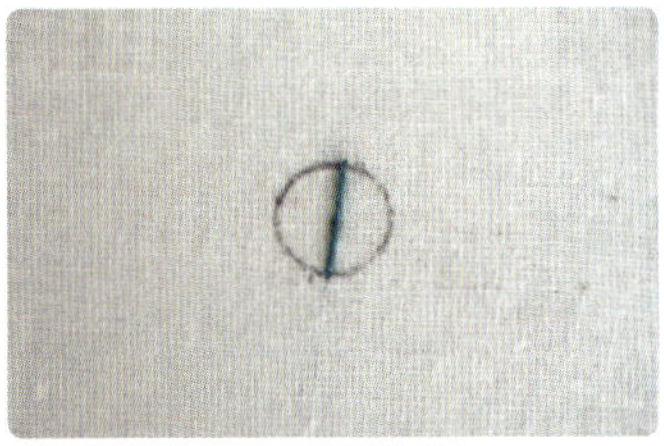

1 원 중심에 1땀을 길게 수놓습니다.

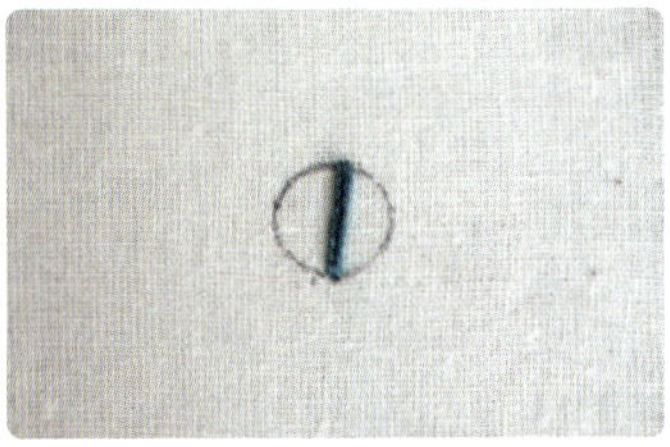

2 같은 높이로 오른쪽에 1땀 수놓습니다.

3 원 테두리에 맞추어 위에서 아래로 새틴 스티치를 놓아 오른쪽을 채워주세요.

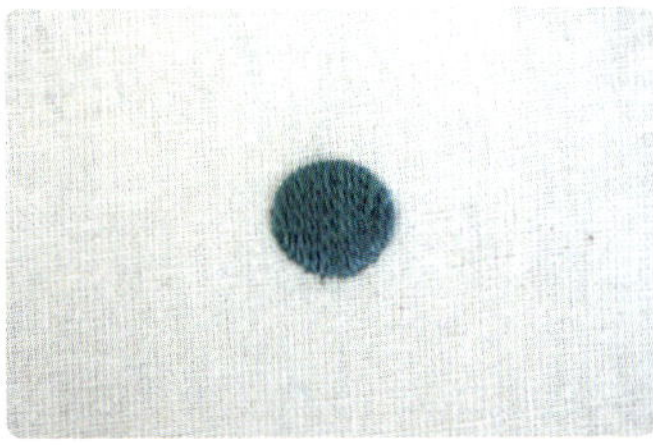

4 같은 방법으로 왼쪽도 새틴 스티치를 놓아 채워주세요.

18. 스미르나 스티치

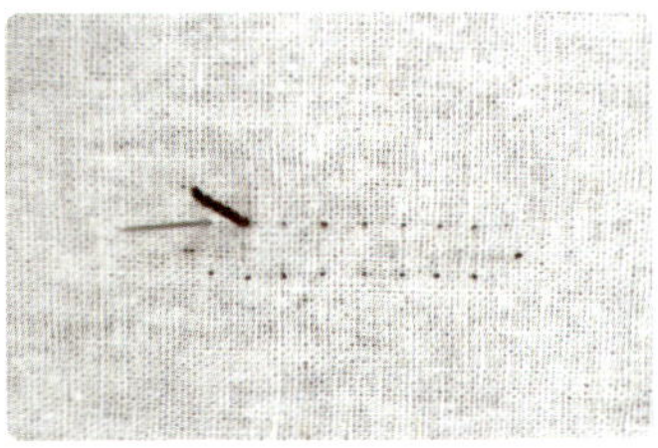

1 매듭을 짓지 않은 바늘을 시작점의 1땀 뒤에 위에서 아래로 넣어 시작점에서 뺍니다.

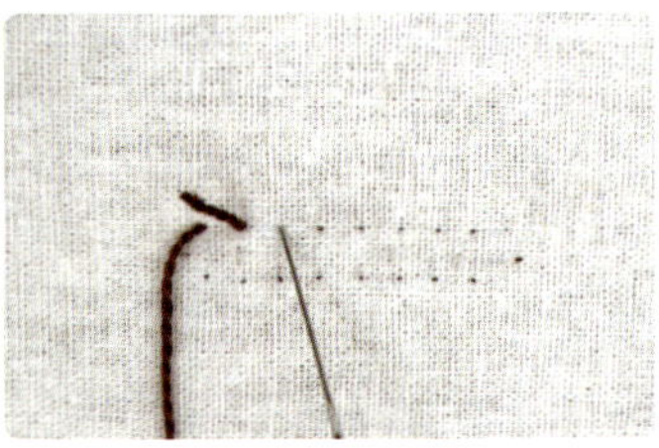

2 실을 완전히 잡아당기지 말고 원하는 길이만큼 남겨주세요.

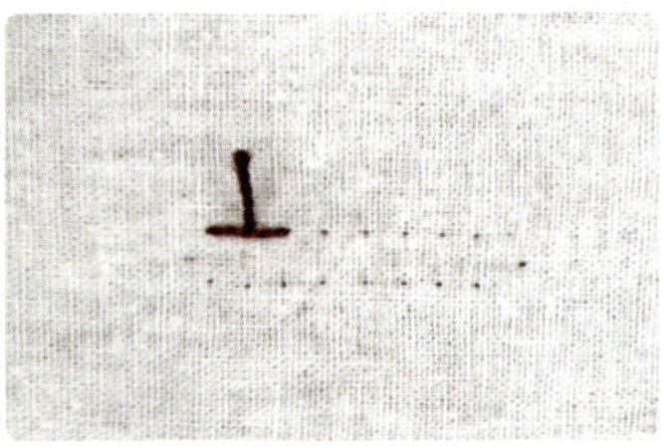

3 가운데 실을 두고 1땀 놓아주세요.

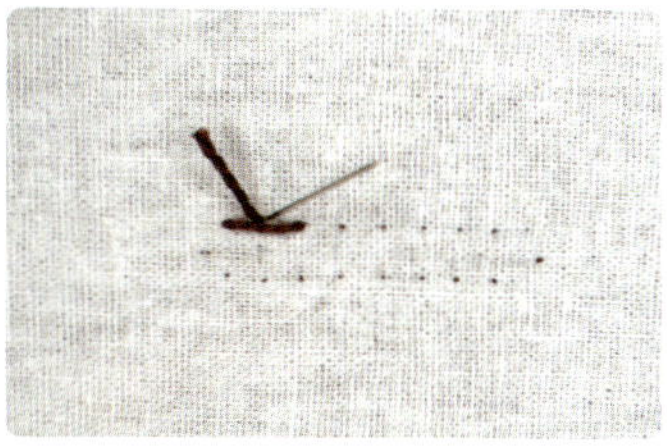

4 가운데 실이 있는 구멍으로 바늘을 빼주세요.

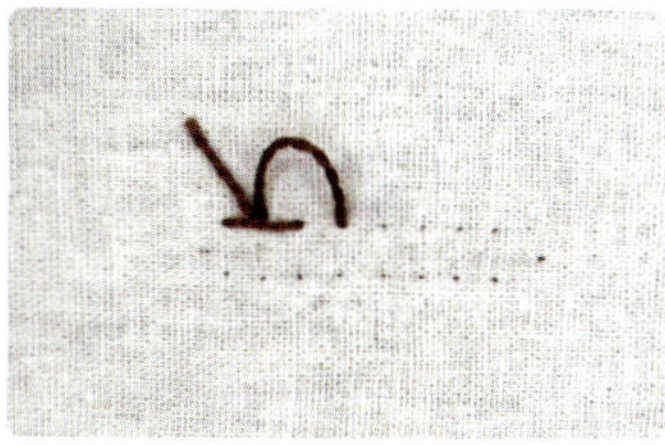

5 가로로 놓은 1땀만큼 오른쪽으로 1땀 내려갑니다.

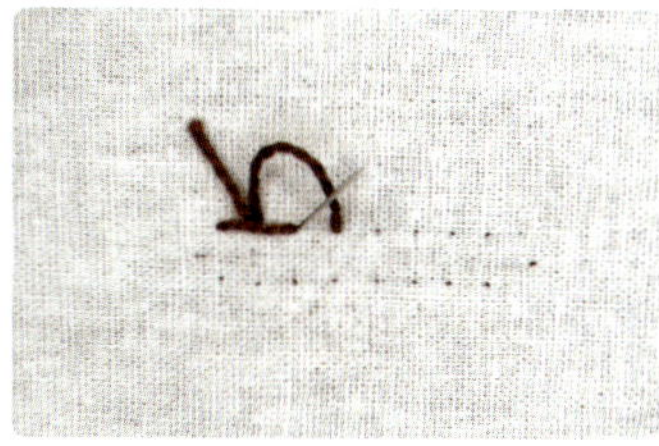

6 밑으로 내려간 바늘을 가로로 놓은 1땀 끝의 구멍으로 뺍니다.

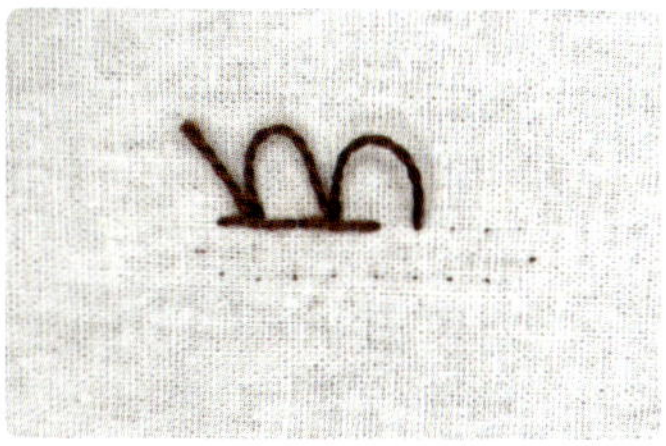

7 가로로 1땀 더 수놓고 같은 방법으로 두 번째 땀 중심에서 바늘을 빼 스티치를 반복해주세요.

8 반복하여 수를 놓습니다.

9 윗부분을 잘라 길이를 맞춰 정리합니다.

19. 스트레이트 스티치

1 직선으로 스티치를 수놓습니다.

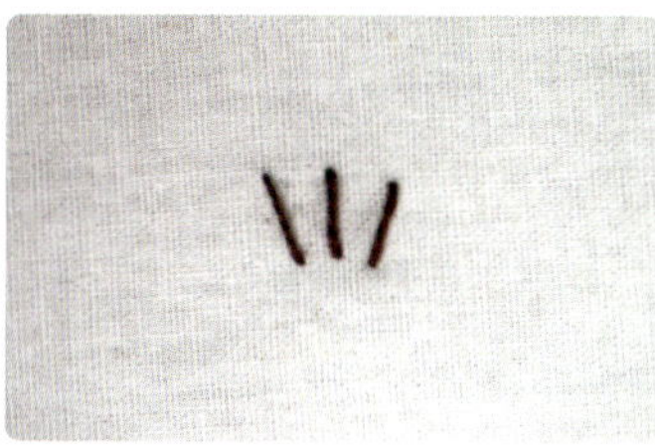

2 길이와 간격을 일정하게 수놓아주세요.

20. 실론 스티치

<<<<<<<<<<<<<<<<<<<<<<<<<<

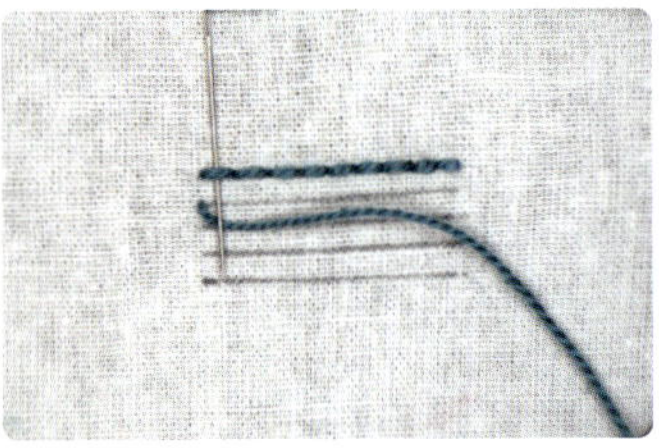

1 가로선 5줄을 그려놓고 첫 번째 가로선에 백 스티치를 놓습니다.

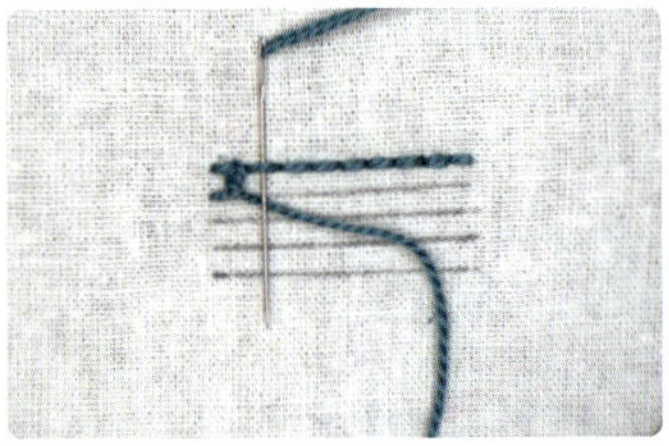

2 두 번째 줄 앞으로 뺀 바늘이 첫 번째 가로선의 첫 번째 백 스티치 위에서 아래방향으로 고리를 걸어 내려옵니다.

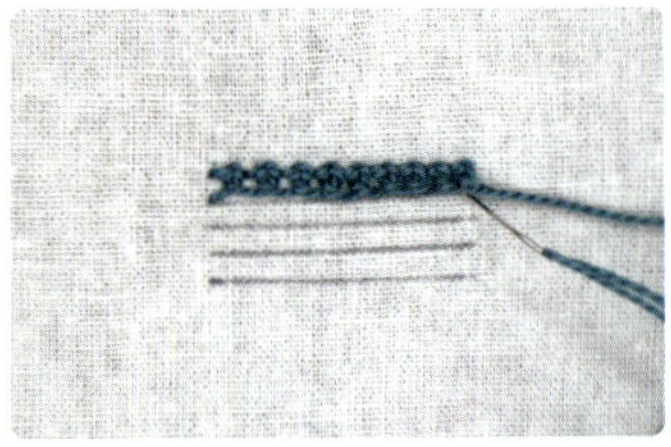

3 두 번째, 세 번째 바늘이 위에서 아래로 고리를 걸어 두 번째 줄 끝에 꽂아주세요.

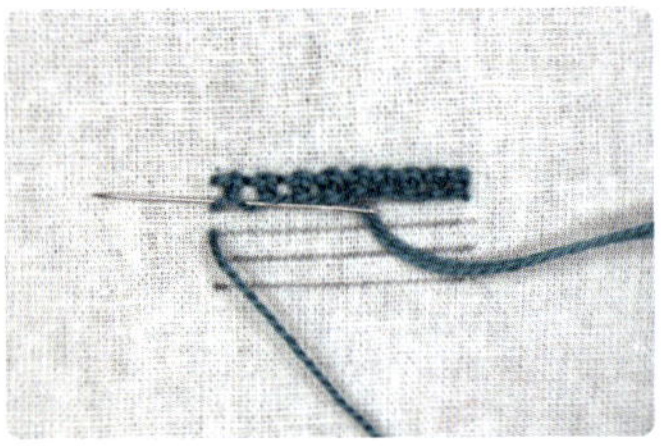

4 세 번째 줄에서 나온 바늘을 두 번째 줄의 교차된 실 사이로 통과시켜주세요.

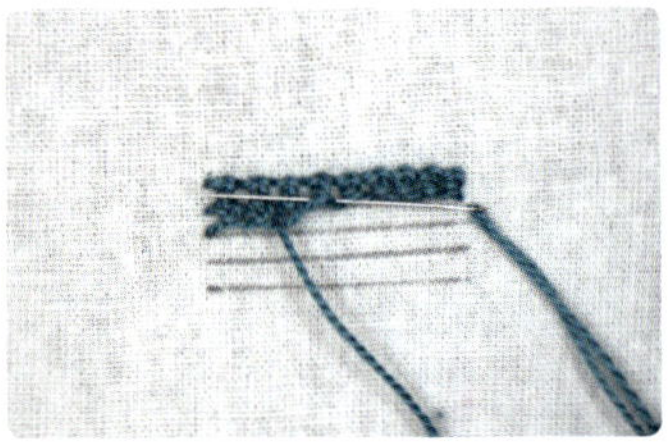

5 두 번째 줄의 교차된 실 사이를 모두 통과시켜주세요.

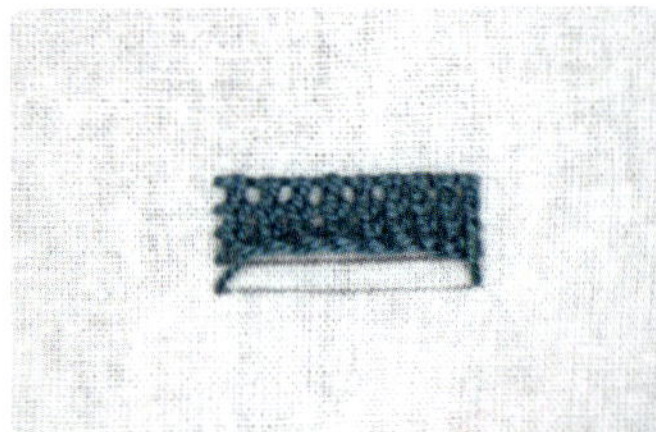

6 같은 방법으로 마지막 줄까지 교차된 고리를 통과시키고 마지막 줄 끝에 바늘을 꽂아 마무리합니다.

7 위로 말린 실을 아래로 내려 고리를 걸어 고정해주세요.

21. 아우트라인 스티치

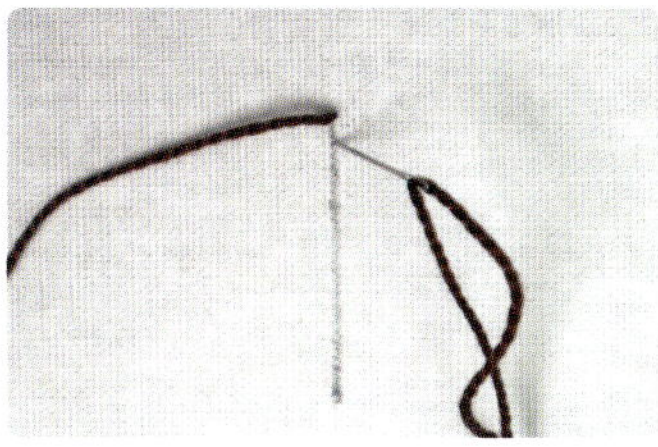

1 1땀 아래로 수놓아주세요.

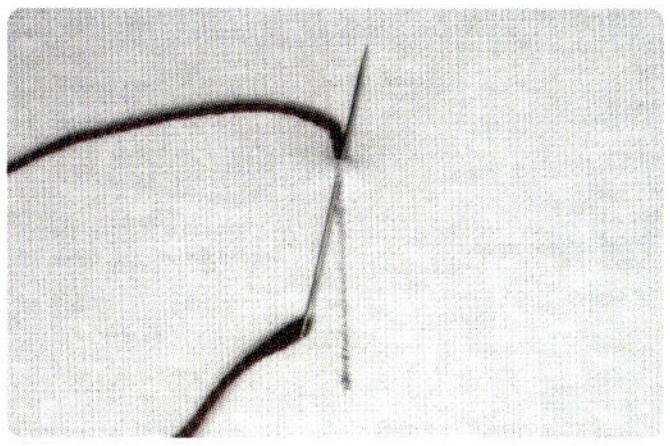

2 처음 바늘을 뺀 자리로 실을 빼낸 후 아래로 1땀 놓인 길이만큼 내려와 첫땀 끝으로 바늘을 뺍니다.

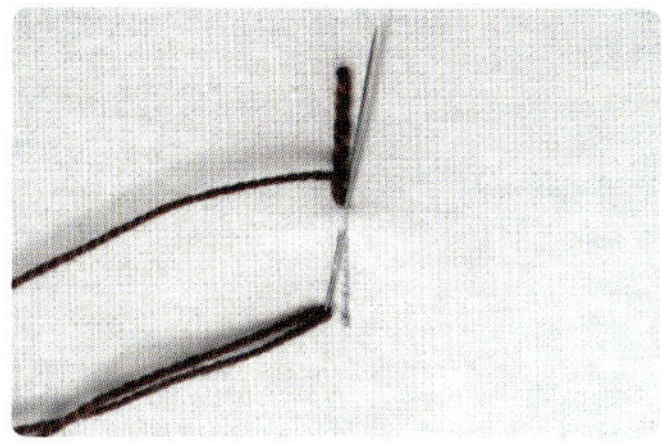

3 실은 계속 왼편에 두고 같은 간격으로 내려온 후 마지막 땀구멍으로 올라와 바늘을 빼주세요.

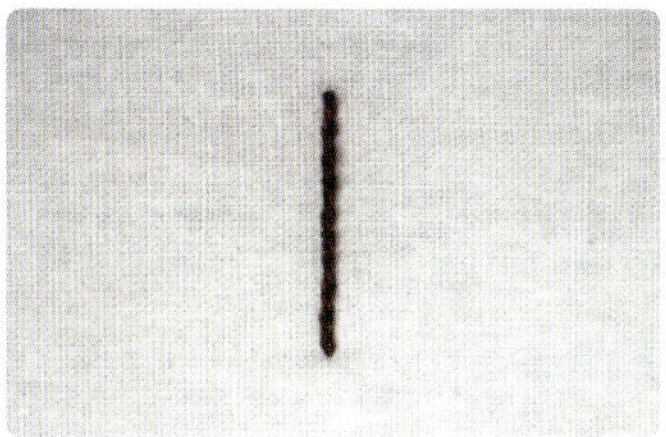

4 반복하여 수놓은 후 매듭지어 마무리합니다.

22. 오이스터 스티치

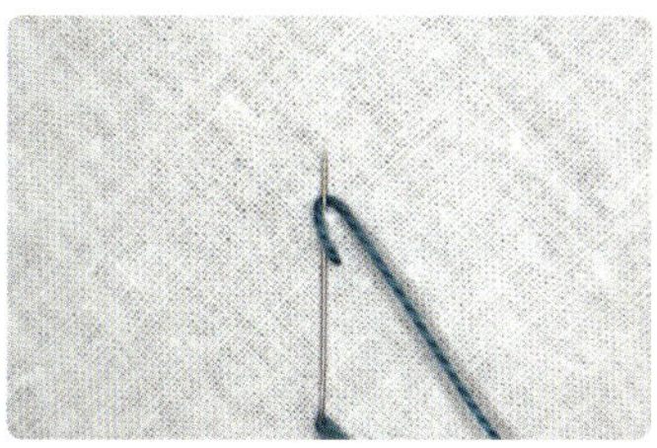

1 트위스트 레이지 데이지 스티치를 놓습니다.

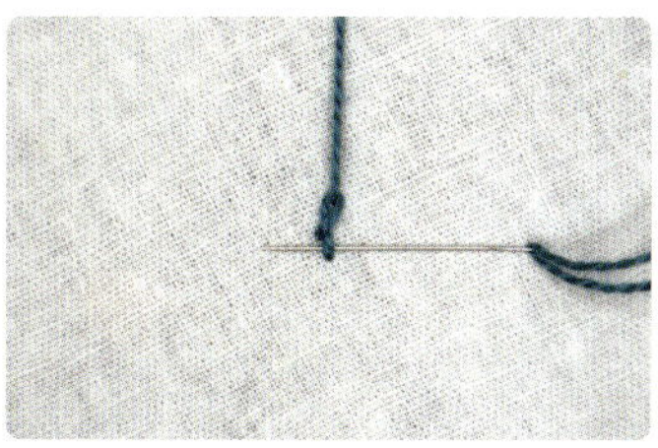

2 빼낸 바늘을 위로 당긴 후 오른쪽 아래로 내려와 고리를 통과시켜주세요.

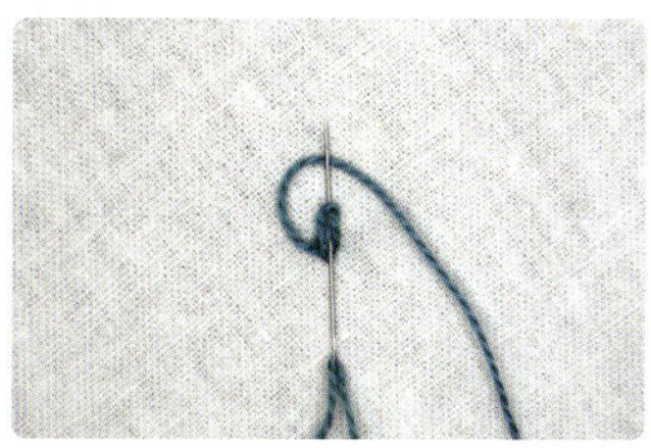

3 왼쪽으로 빠져나온 바늘을 오른쪽에서 왼쪽으로 빼낸 실 사이로 넣어 트위스트 레이지 데이지를 감싸며 레이지 데이지 스티치를 놓듯이 바늘을 위로 빼주세요.

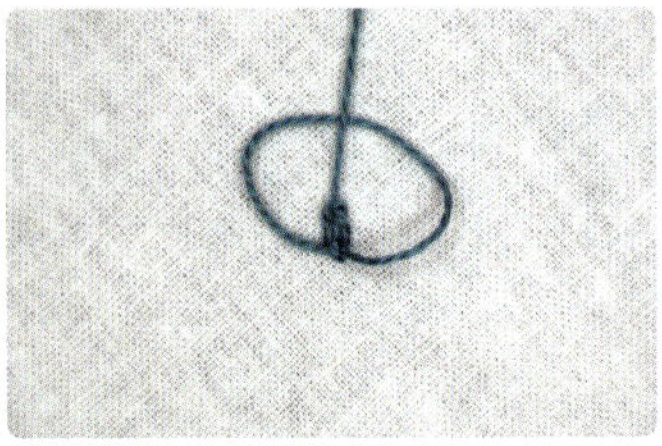

4 고리를 만들며 실을 위로 당겨주세요.

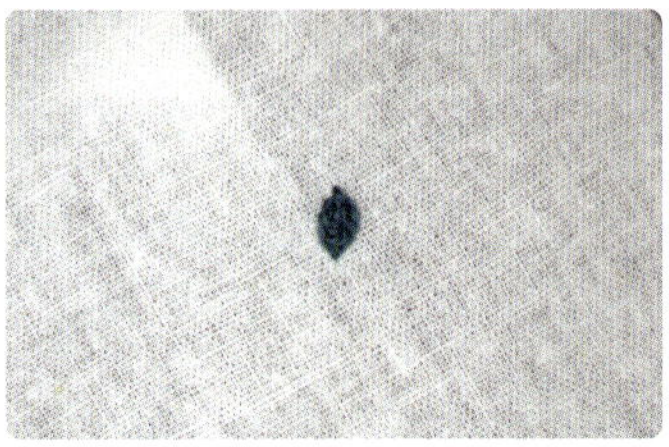

5 고리 뒤로 바늘을 꽂아 마무리합니다.

23. 체인 스티치

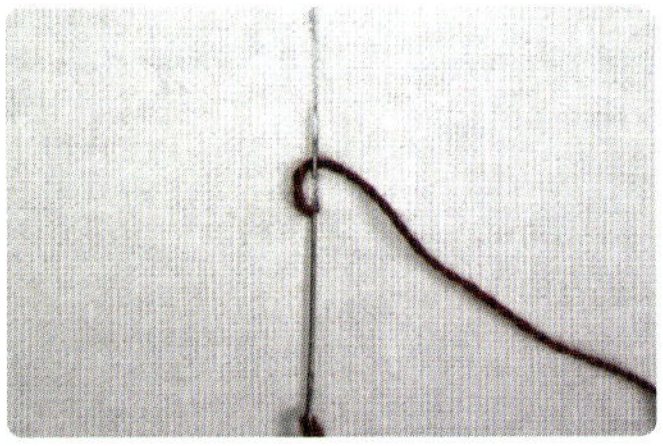

1 직선 아래에서 레이지 데이지 스티치 위로 바늘을 뺍니다.

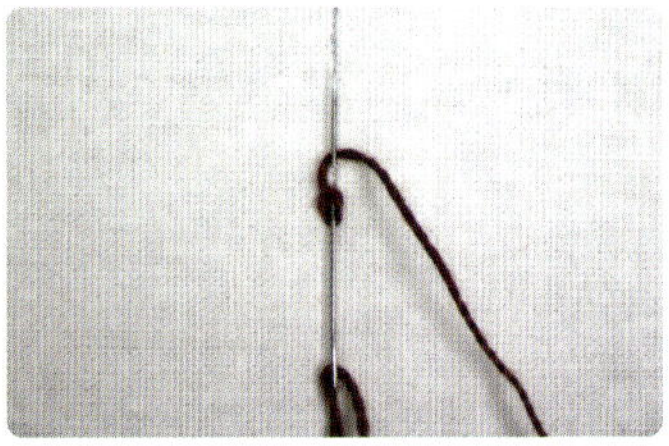

2 빼낸 바늘은 다시 레이지 데이지 고리 안으로 넣어 첫 체인 길이만큼 1땀 떠서 위로 레이지 데이지 고리를 만듭니다.

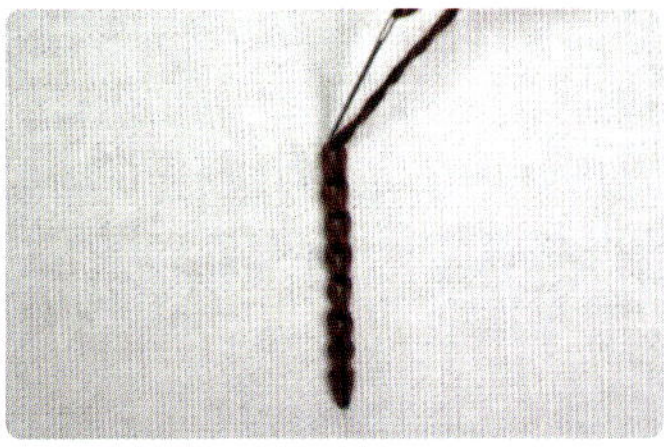

3 반복적으로 체인을 만든 후 마지막 고리 뒤로 바늘을 꽂아 마무리합니다.

24. 캐스트온 스티치

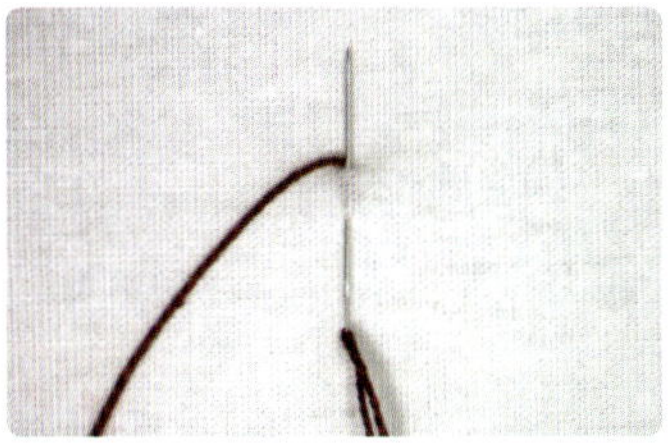

1 처음 바늘을 뺀 위치에서 1땀 아래로 내려 처음 실을 뺀 위치로 바늘을 반만 빼주세요.

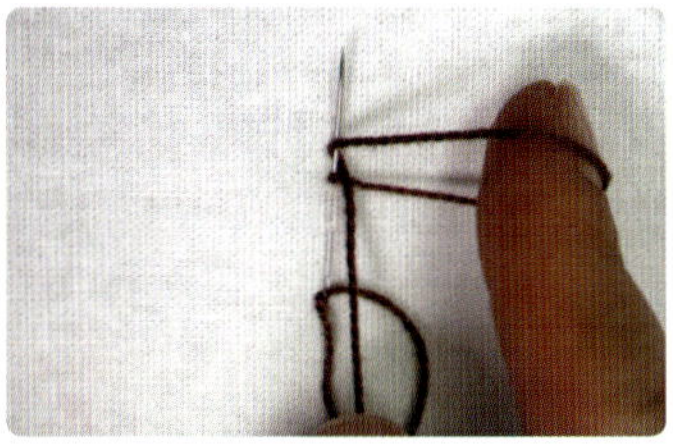

2 바늘에 버튼홀 스티치 고리를 수놓아주세요.

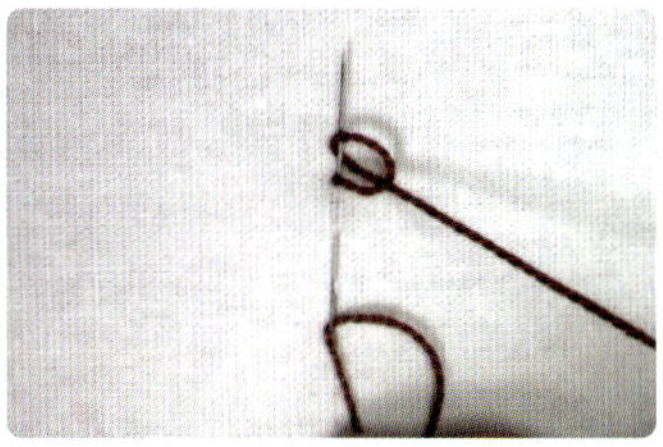

3 고리가 걸리도록 바늘을 빼내주세요.

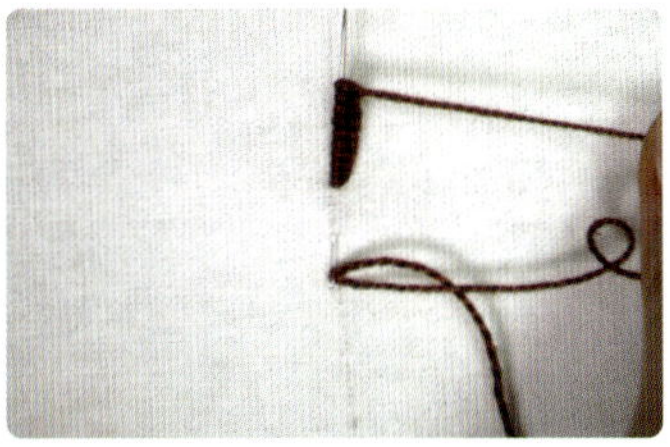

4 여러 개의 버튼홀 스티치를 완성해주세요.

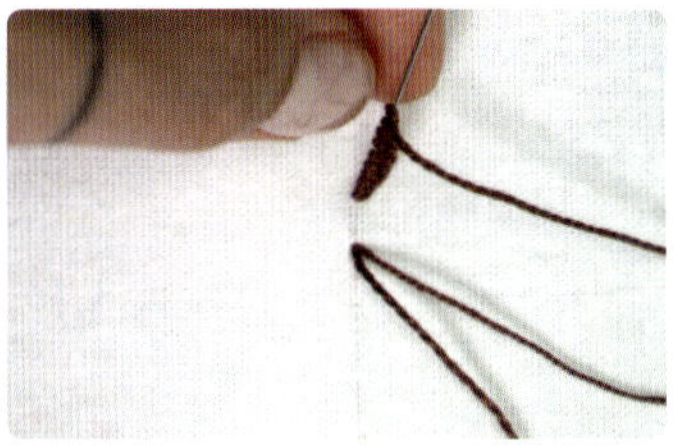

5 버튼홀 실이 풀리지 않도록 왼손으로 잡고 올라온 바늘을 살살 잡아당겨주세요.

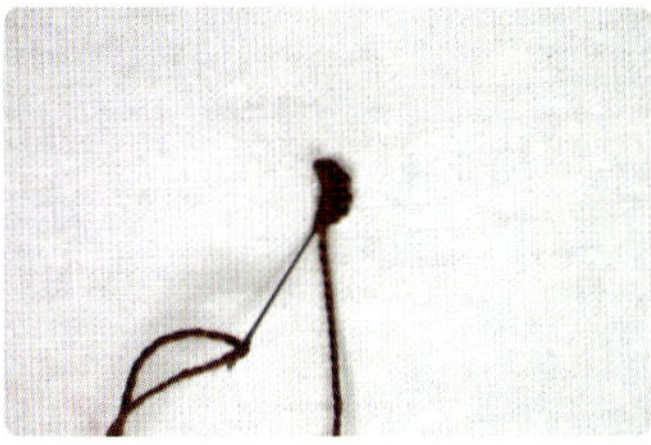

6 빼낸 실을 아래로 꽂아 마무리합니다.

25. 캐스트온 링 스티치

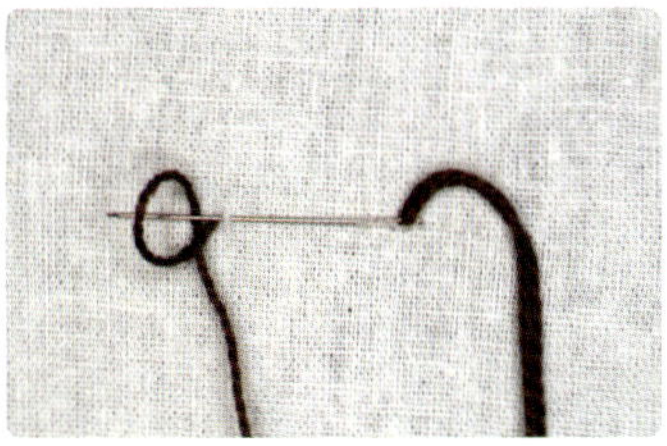

1 바늘을 뺀 위치에서 뒤로 짧게 1땀 뜨고 바늘에 버튼홀 스티치 고리를 만들어주세요.

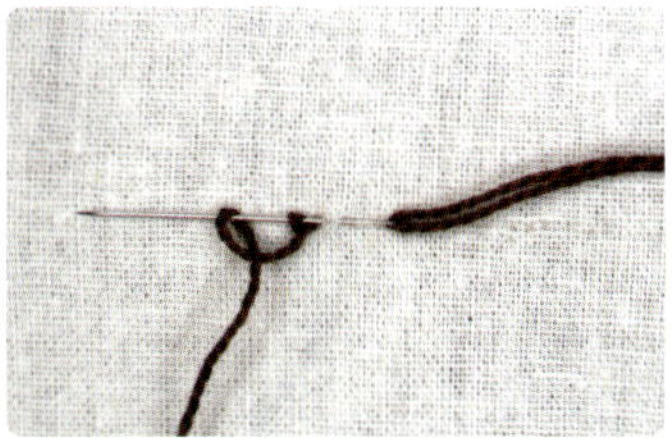

2 실을 당겨 여러 개의 버튼홀 고리를 바늘에 걸어주세요.

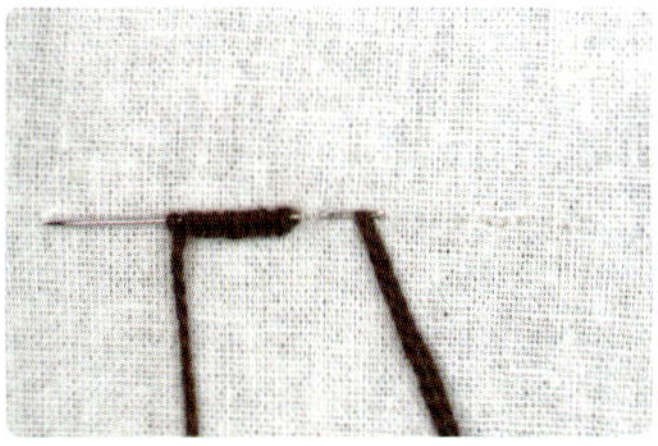

3 버튼홀을 왼손으로 잡고 바늘만 살살 위로 빼내주세요.

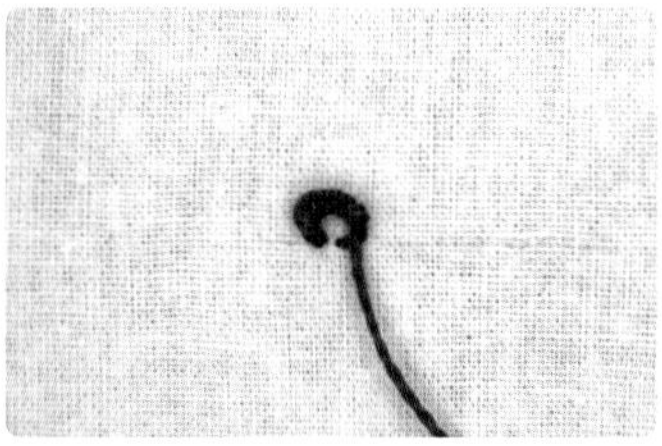

4 빼낸 실을 당겨 정리하며 동그랗게 말아 당겨주세요.

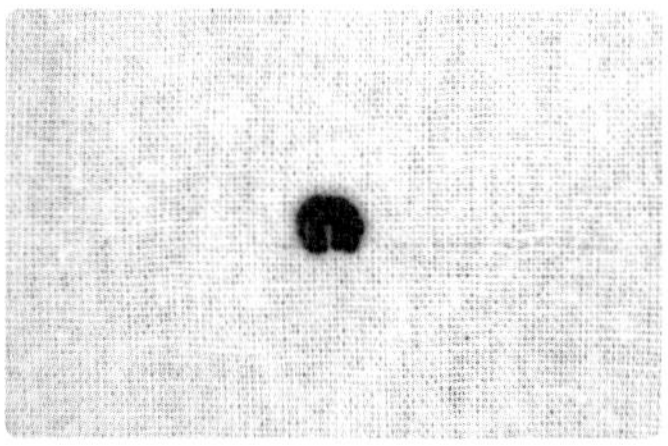

5 밑으로 바늘을 빼서 매듭지어 마무리합니다.

26. 케이블 스티치

<<<<<<<<<<<<<<<<<<<<<<<<<<

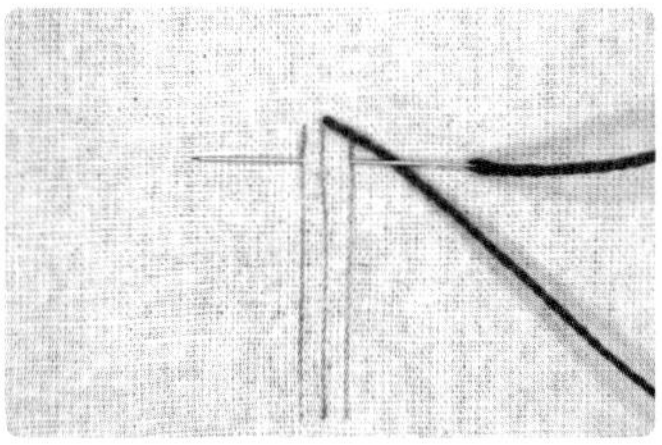

1 세로선 3줄을 그려놓고 가운데 선 위로 바늘을 뺀 후 오른쪽 선 아래로 넣어 왼쪽 선 아래로 뺍니다.

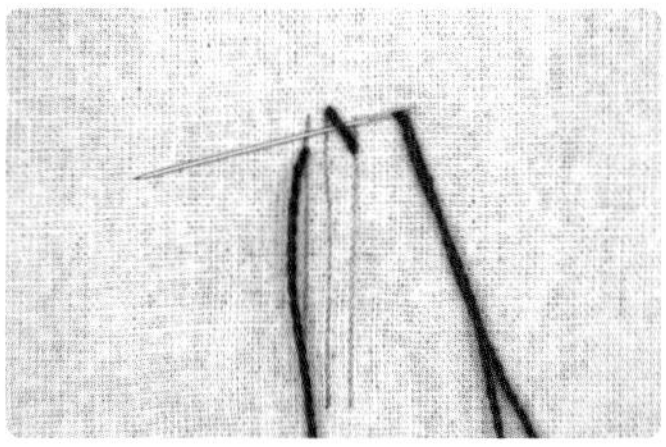

2 왼쪽으로 나온 실은 오른쪽 사선으로 놓인 실을 통과합니다.

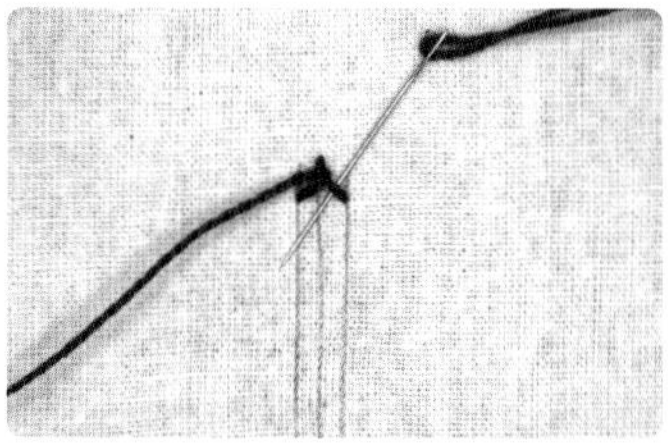

3 통과한 바늘이 한 번 더 사선으로 놓인 실을 통과합니다.

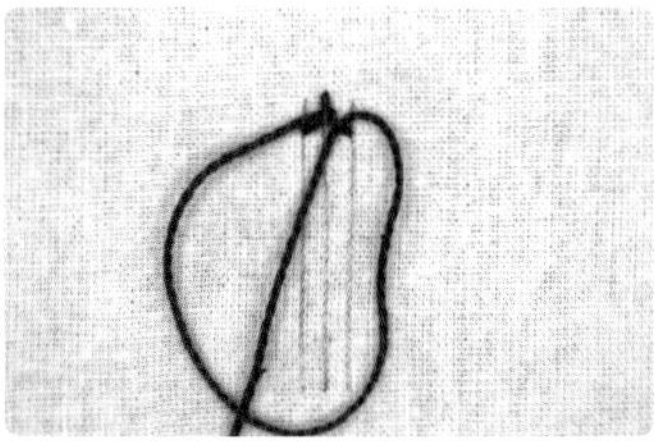

4 아래로 통과할 때 고리가 바늘 아래 놓이도록 합니다.

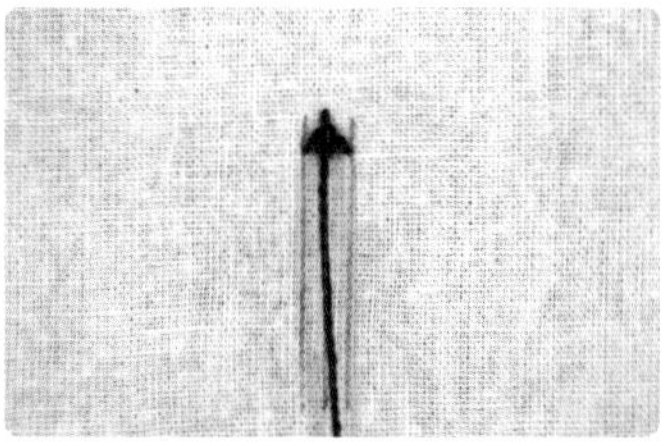

5 실을 당겨 삼각형 모양으로 정리합니다.

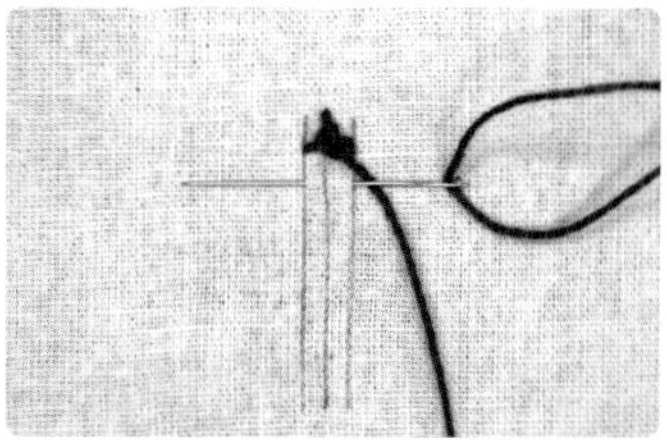

6 내려온 실을 일정한 간격으로 아래로 내려 오른쪽과 왼쪽 선을 통과시켜주세요.

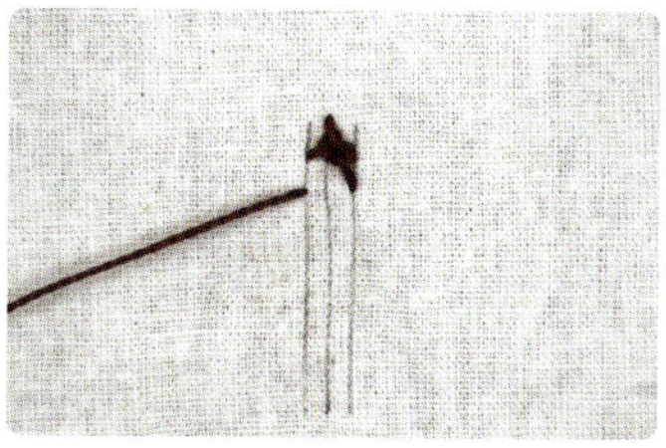

7 왼쪽으로 실을 완전히 빼내주세요.

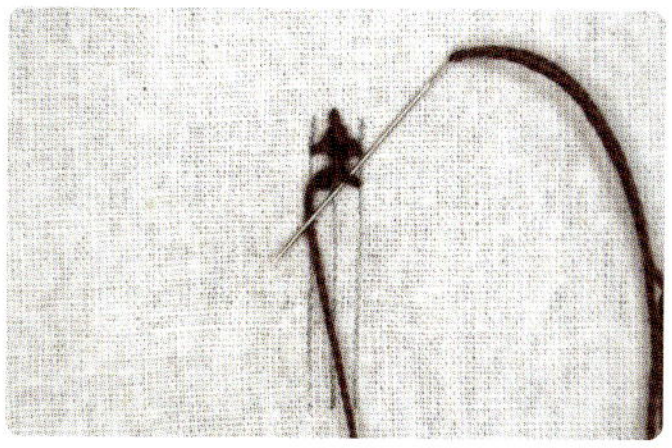

8 왼쪽으로 빼낸 실은 오른쪽 사선 실을 통과한 후 다시 한 번 아래로 통과시켜 고리를 만들어주세요.

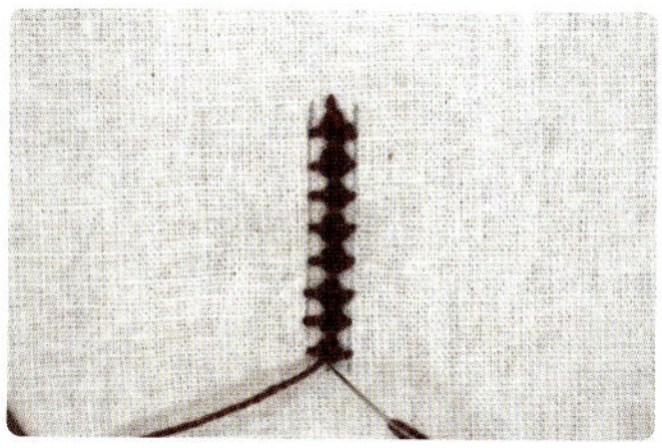

9 같은 방법으로 수놓은 후 중간선 밑으로 바늘을 빼 마무리해주세요.

27. 케이블 노트 스티치

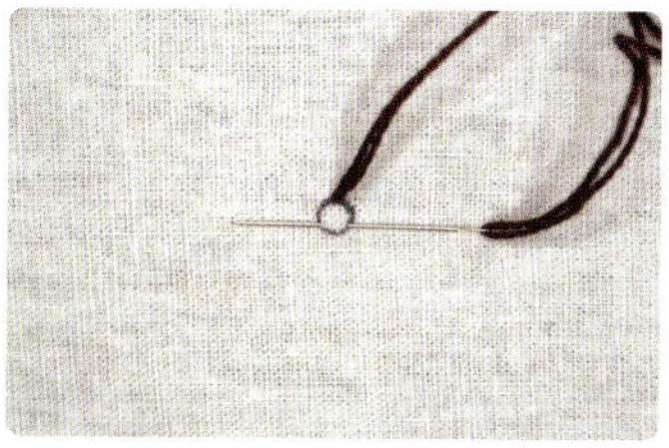

1 원 테두리에서 바늘이 올라온 후 삼각형 모양을 그리듯 오른쪽에서 왼쪽으로 바늘을 통과시켜주세요.

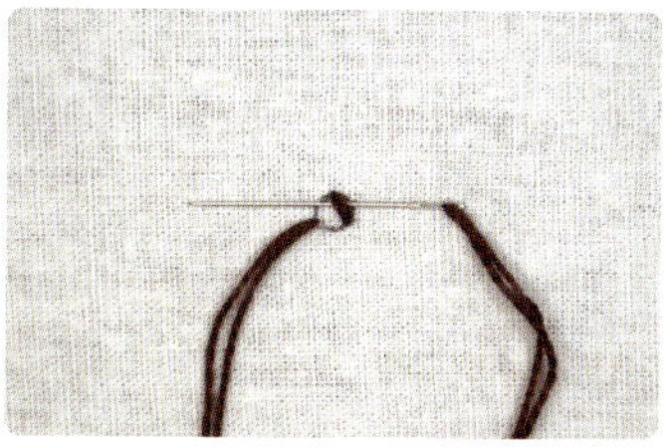

2 케이블 스티치와 동일하게 올라온 왼쪽실은 사선을 통과합니다.

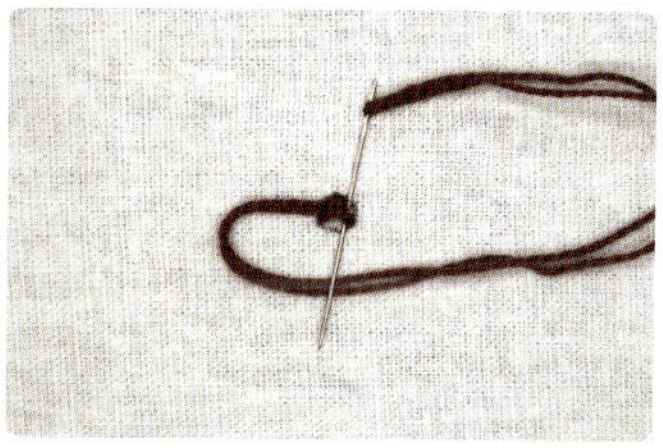

3 또다시 아래로 사선을 통과하여 고리를 만들어주세요.

4 고리를 당겨 실을 아래로 내려주세요.

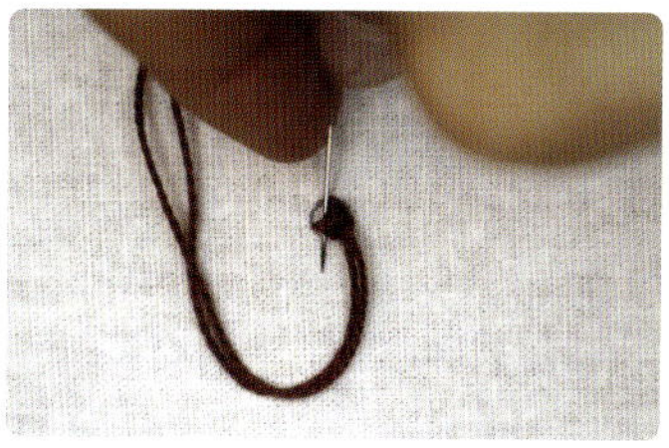

5 실을 아래로 내려놓고 바늘을 왼쪽 고리에 걸어 통과시켜주세요.

6 통과시킬 때 실이 바늘 아래 놓이도록 고리를 만들어줍니다.

7 같은 방법으로 오른쪽도 실이 바늘 아래 놓이도록 고리를 걸어주세요.

8 실을 잡아당겨 고리를 완성합니다.

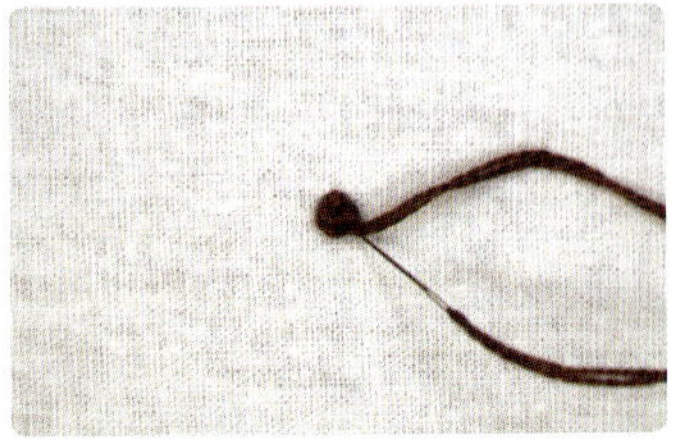

9 고리 뒤로 바늘을 꽂아주세요.

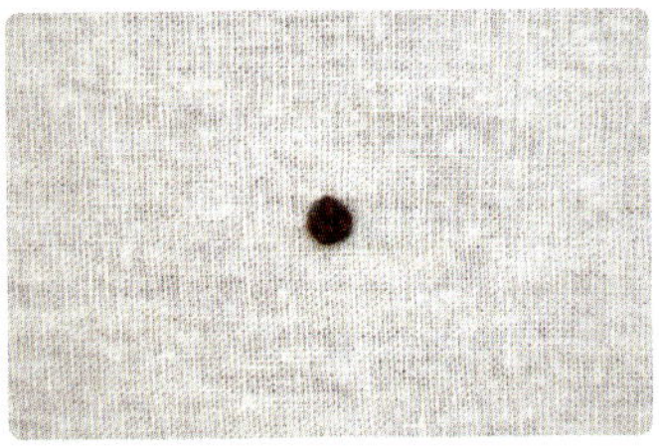

10 뒤로 매듭지어 완성합니다.

28. 코랄 스티치

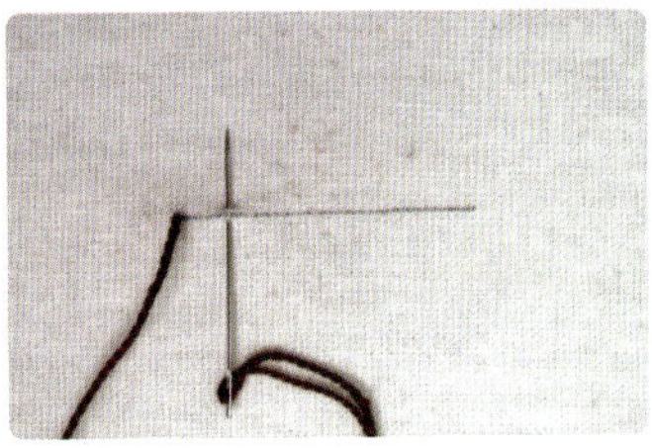

1 실이 올라온 지점에서 오른쪽으로 가로선을 따라 바늘을 세로로 1땀 떠주세요.

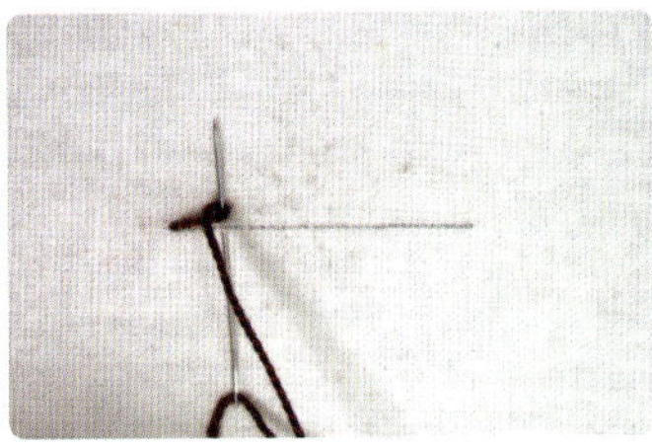

2 왼쪽에 올라온 실을 바늘에 감아놓고 바늘만 위로 당겨주세요.

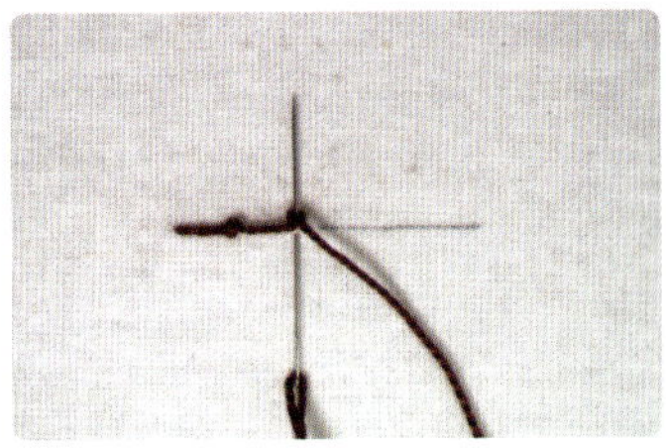

3 같은 방법으로 오른쪽으로 세로로 한땀뜨고 바늘에 실을 감아 빼주세요.

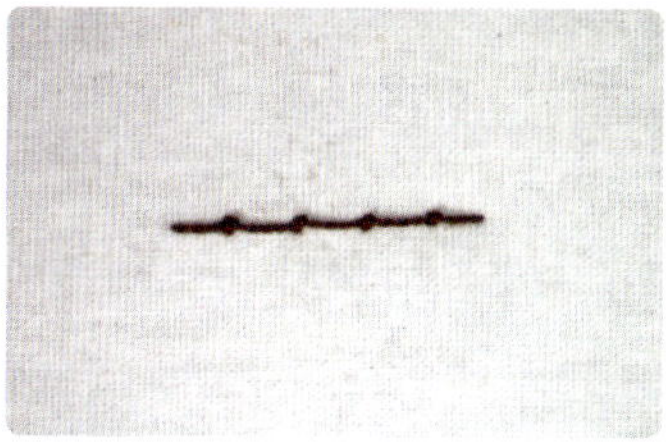

4 마지막 매듭에서 간격을 맞춰 길게 빼고 매듭짓습니다.

29. 페더 스티치

1 왼쪽에서 오른쪽으로 들어간 실 중간 아래로 바늘이 올라옵니다.

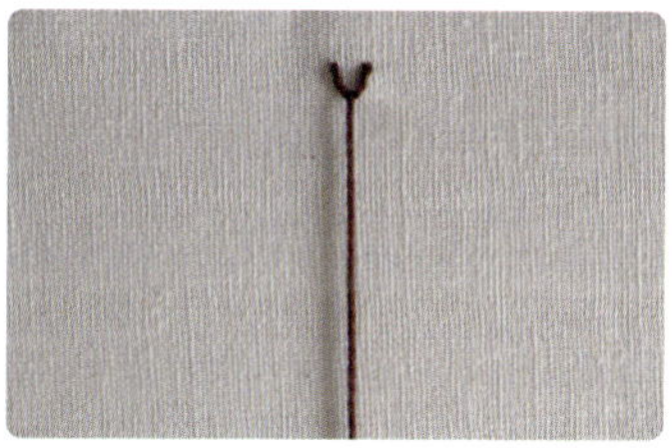

2 올라온 바늘을 아래로 당겨 U자 모양의 고리를 만들어주세요.

3 U자 간격과 동일하게 오른쪽에도 같은 방법으로 고리를 만들어주세요.

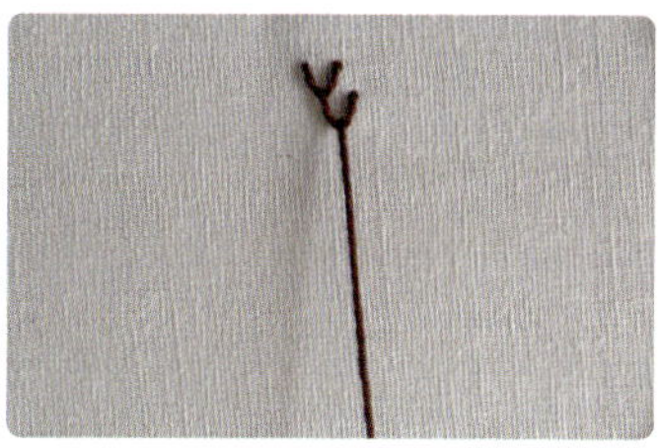

4 실을 아래로 당겨 고리를 팽팽하게 해주세요.

5 좌우 번갈아가며 페더 스티치를 완성합니다.

30. 프렌치 노트 스티치

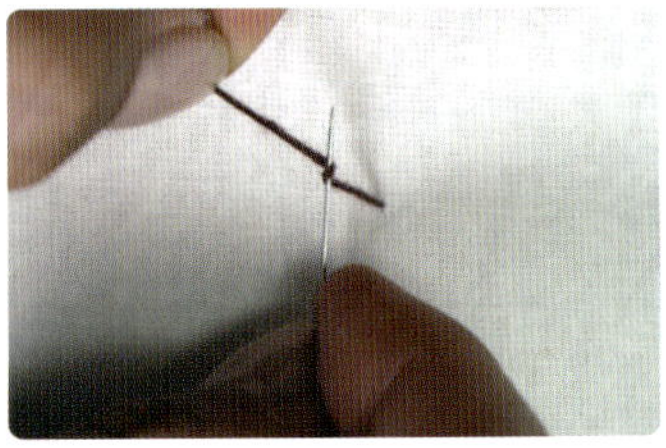

1 올라온 실을 짧게 잡고 바늘에 1회 또는 2회 감아주세요.

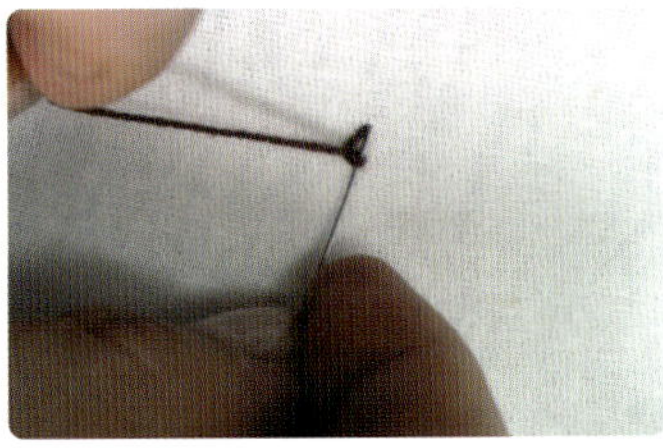

2 실이 나왔던 구멍으로 실을 감은 상태 그대로 바늘을 꽂아주세요.

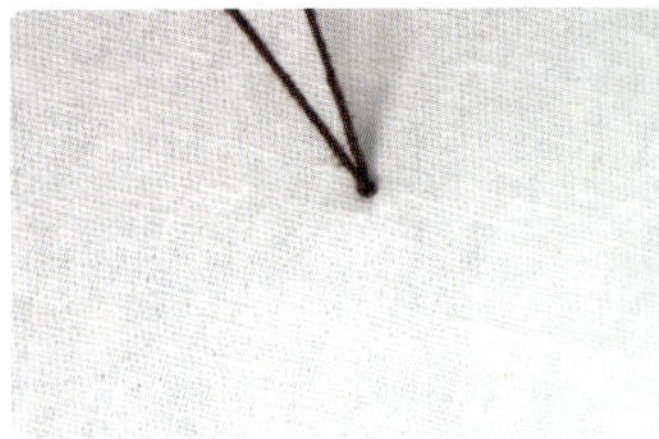

3 실이 끝까지 들어갈 때까지 잡아주어야 꼬이지 않아요.

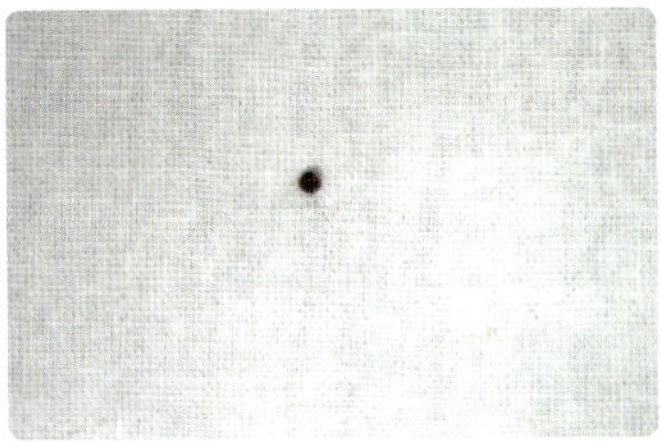

4 콩 모양의 작은 매듭을 완성해주세요.

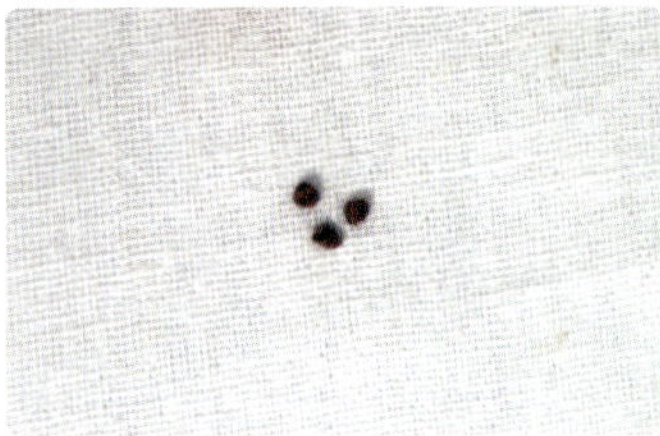

5 크기가 일정하도록 프렌치 노트 스티치를 여러 번 놓아주세요.

31. 프리 스티치

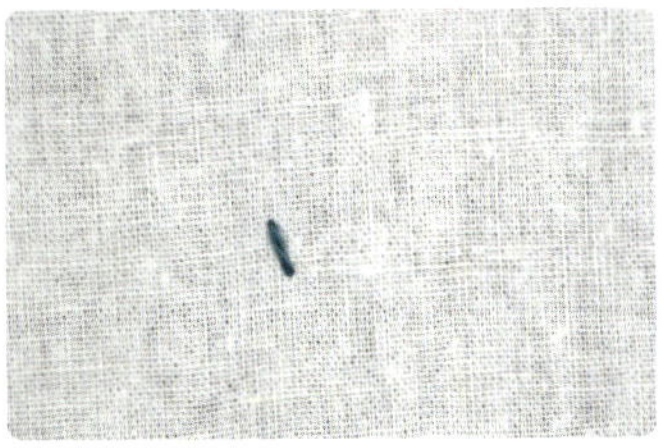

1 스트레이트 스티치를 놓아주세요.

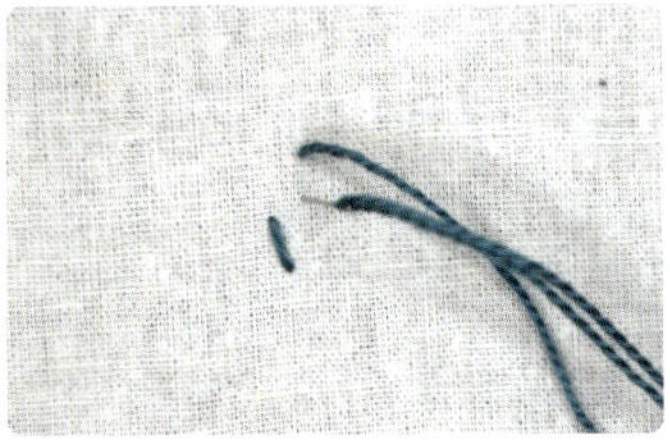

2 불규칙하게 스트레이트 스티치를 수놓습니다.

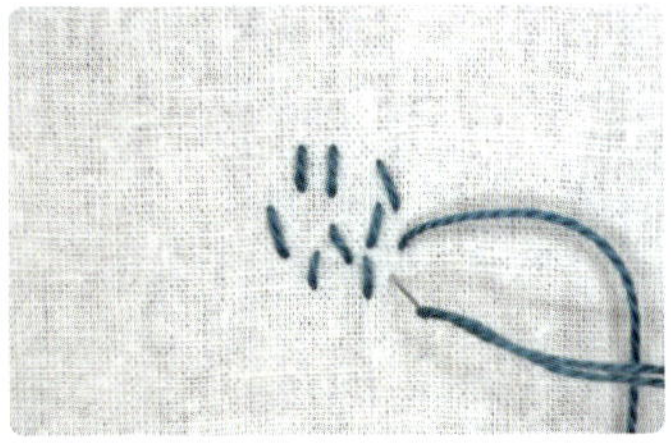

3 간격과 길이가 일정하지 않아도 괜찮습니다.

32. 휘프트 스파이더 웹 스티치

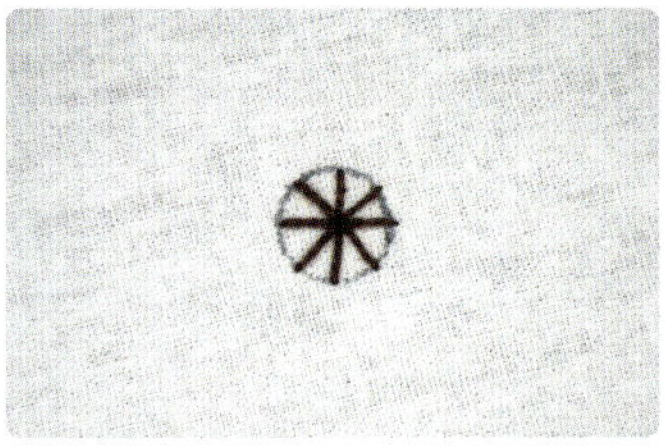

1 원의 중심에서 바깥으로 스트레이트 스티치를 짝수로 놓아주세요.

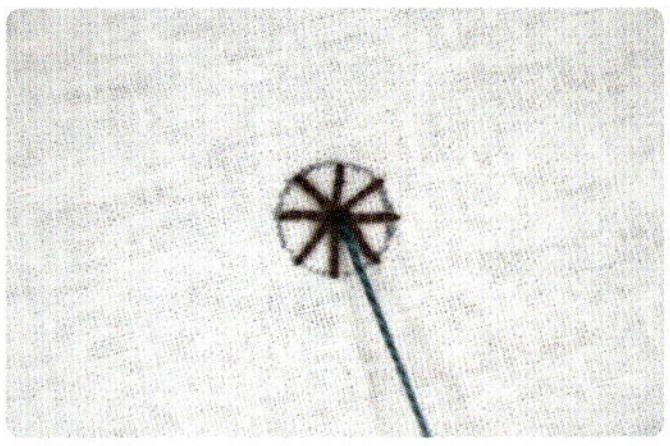

2 중심 가까이로 실을 뺍니다.

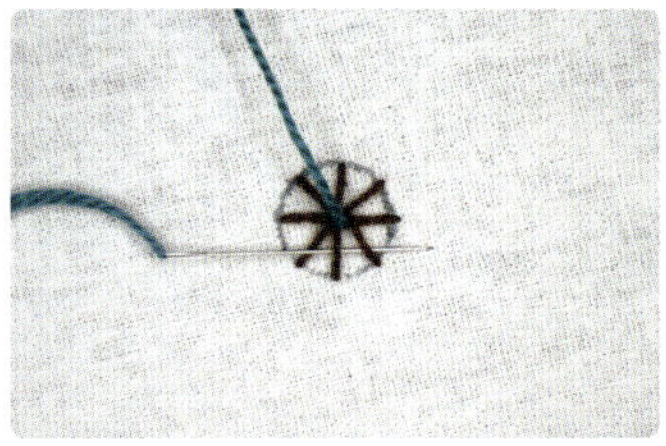

3 올라온 실은 앞뒤로 놓인 2줄의 스트레이트 스티치 밑으로 통과시켜 주세요.

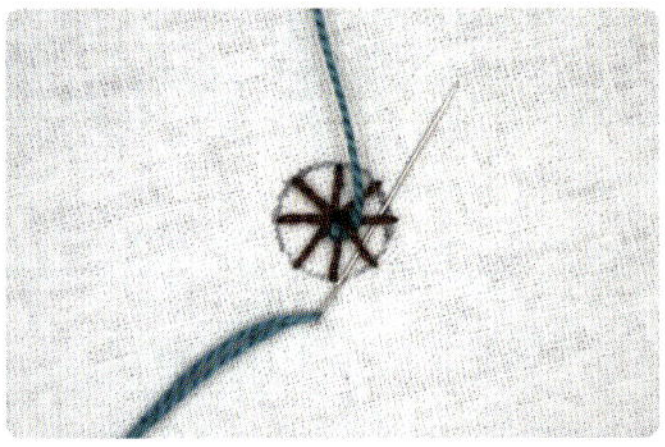

4 통과한 실 밑으로 앞뒤로 놓인 2줄의 실을 통과시켜주세요.

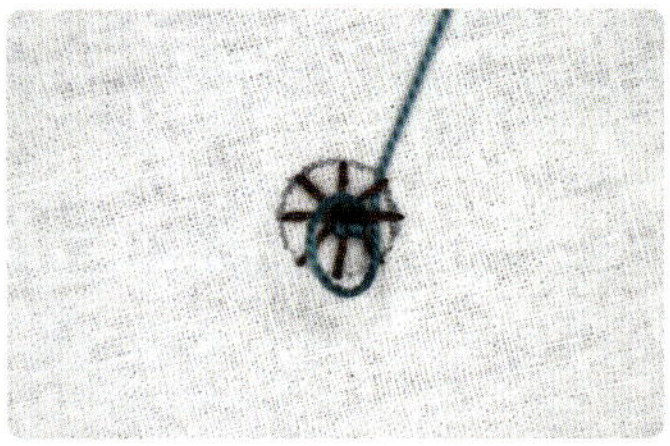

5 반복하며 원둘레를 돌아 스티치를 채워주세요.

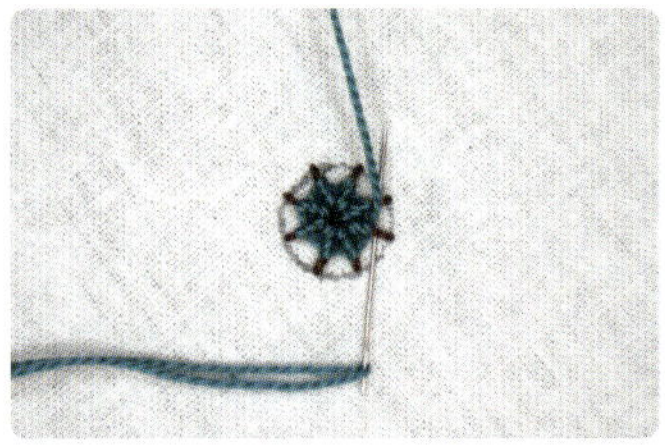

6 처음 놓은 스트레이트 스티치가 보이지 않을 때까지 계속 2줄의 실 아래를 통과합니다.

7 스트레이트 스티치가 보이지 않으면 실을 밑으로 빼내어 매듭짓습니다. 마지막으로 중간에 프렌치 노트 스티치를 놓아도 좋아요.

33. 휘프트 체인 스티치

1 체인 스티치를 놓은 후 왼쪽 아래로 바늘을 빼 첫 번째 체인 고리를 통과시켜주세요.

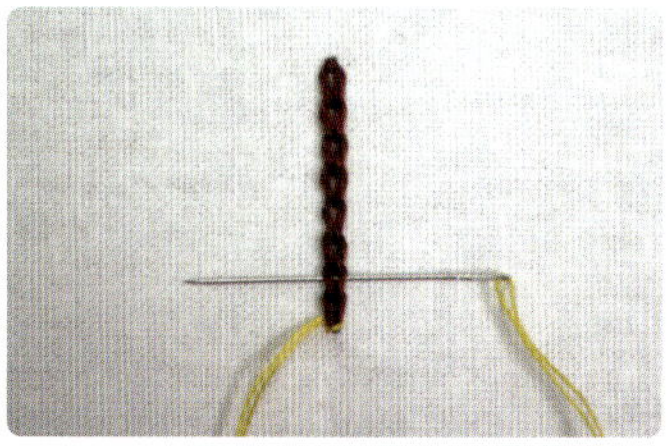

2 두 번째 체인에도 바늘을 오른쪽에서 왼쪽 방향을 통과시켜주세요.

3 모든 체인을 같은 방법으로 통과시켜주세요.

4 마지막 체인의 오른쪽 위에 바늘을 꽂아 마무리합니다.